Direito Material e Processual do Trabalho

Teoria

Volume 1

1ª Edição – 2009

Dados Internacionais de Catalogação na Publicação (CIP)
(Câmara Brasileira do Livro, SP, Brasil)

Cruz, Elaine
Direito material e processual do trabalho :
teoria, volume 1 / Elaine Cruz, Fernando César
Nogueira. -- 1. ed. -- São Paulo : Ícone, 2009. --
(Coleção para facilitar o direito / coordenação
Gleibe Pretti)

ISBN 978-85-274-1039-7

1. Direito do trabalho 2. Direito processual do
trabalho I. Pretti, Gleibe. II. Nogueira, Fernando
César. III. Título. IV. Série.

09-03202   CDU-34:331

Índices para catálogo sistemático:

1. Direito do trabalho   34:331

Gleibe Pretti Coordenador
Elaine Cruz
Fernando César Nogueira

Direito Material e Processual do Trabalho

TEORIA

Volume 1

1ª Edição – 2009

© Copyright 2009
Ícone Editora Ltda.

Design de Capa
Rodnei de Oliveira Medeiros

Diagramação
João Bosco Mourão
Rodnei de Oliveira Medeiros

Revisão
Rosa Maria Cury Cardoso

Proibida a reprodução total
ou parcial desta obra, de qualquer forma ou meio eletrônico,
mecânico, inclusive através de
processos xerográficos, sem permissão expressa do editor. (Lei
nº 9.610/98)

ÍCONE EDITORA LTDA.
Rua Anhanguera, 56 – Barra Funda
CEP: 01135-000 – São Paulo/SP
Fone/Fax.: (11) 3392-7771
www.iconeeditora.com.br
iconevendas@iconeeditora.com.br

Apresentação

A presente obra tem o objetivo de trazer os conhecimentos necessários de direito e processo do trabalho para a prova da OAB e concursos públicos.

No decorrer do livro buscamos citar os mais variados autores sobre os temas para elucidar o entendimento majoritário.

Boa leitura.

Prof. Gleibe Pretti

Agradecimentos

– Agradeço a Deus por tudo.
– Obrigado a minha família (pais, irmã, esposa e filhos).
– Aos meus irmãos da loja Acácia da Vila Carrão.
– Aos meus queridos: Marcos Fernandes, Antônio Carlos Marcato, José Horácio Cintra, André Paes de Almeida, Jefferson Jorge, e todos os alunos e alunas, meu muito obrigado.

Prof. Gleibe Pretti

Dedicatórias:

Gleibe Pretti:

Dedico à minha esposa Greasy e aos meus filhos Pedro e Guilherme. Por tudo. Obrigado.

Elaine Cruz:

Agradeço primeiramente a Deus, Senhor que sempre conduziu cada passo da minha vida, aos meus pais, ao meu marido e às minhas famílias Marques e Santos. Dedico à Alessandra Marques da Cruz (in memoriam) e ao meu amor: "Todo amor que eu esperava na vida, com você eu conheci". Trecho da música do Roberto Carlos.

Fernando Nogueira:

Dedico esta obra à minha noiva Alessandra Cairolli Fincatti, pela grande ajuda, empenho, paciência e carinho que contribuiu para a execução dessa obra. Além de não poder esquecer de dedicar ao meu grande amigo coordenador desse projeto o Prof. Gleibe Pretti pela oportunidade desse trabalho. A vocês dedico essa obra, desejando que Deus sempre ilumine vossos caminhos, agradecendo pelo grande apoio e carinho.

Índice

Capítulo 1
FONTES DO DIREITO DO TRABALHO
1. Conceito, 17
2. Classificação, 17
3. Fontes Materiais, 18
4. Fontes Formais, 19
5. Fontes Formais Heterônomas, 21

Capítulo 2
PRINCÍPIOS ESPECÍFICOS DO DIREITO DO TRABALHO
1. Conceito de princípio, 25
2. Espécies de princípios do Direito do Trabalho, 25

Capítulo 3
DO TRABALHADOR E DO EMPREGADO
1. Empregado e Trabalhador, 29
2. Requisitos para caracterização do Contrato do Trabalho, 30
3. Tipos de empregados especiais, 37
4. Do Trabalhador, 50

Capítulo 4
DO EMPREGADOR
1. Conceito, 55
2. Poderes do Empregador – "Didi", 55
3. Grupo de Empresas, 56
4. Terceirização, 56
5. Sucessões de Empregadores, 57

Capítulo 5
DO CONTRATO DE TRABALHO
1. Conceito, 59
2. Teorias, 59
3. Requisitos do Contrato de Trabalho, 59
4. Classificação do Contrato de Trabalho, 60
5. Forma do Contrato de Trabalho, 62
6. Contrato de Trabalho a tempo parcial, 62

7. Alteração do Contrato de Trabalho, 62
8. Carteira de Trabalho e Previdência Social - CTPS, 62
9. Transferência, 63
10. Suspensão e Interrupção do Contrato de Trabalho, 65

Capítulo 6
REMUNERAÇÃO E SALÁRIO
1. Definição de salário, remuneração e gueltas, 69
2. Da Remuneração, 69
3. Do Salário, 70
4. Salário complessivo, 70
5. Formas de salário, 71
6. Pagamento de salário, 71
7. Características do salário, 72
8. Salário *in natura* ou utilidade ou indireto, 72
9. Descontos permitidos, 73
10. Não-caracterização de salários *in natura*, 73
11. Considerações finais, 73
12. Jurisprudências, 74
13. Equiparação salarial, 75
14. Equivalência salarial, 77
15. Gorjetas, 77
16. Gratificações, 78
17. Comissões, 78
18. Gueltas, 80
19. Adicionais, 80
20. Transferência, 87
21. Adicional noturno, 89
22. Penosidade, 89
23. Gratificação Natalina ou 13º salário, 90

Capítulo 7
JORNADA DE TRABALHO
1. Conceito e Considerações, 91
2. Classificação da jornada de trabalho, 91
3. Intervalos intrajornada, 92
4. Intervalos interjornada, 92
5. Jornadas especiais de trabalho, 92
6. Exceções quanto à limitação da jornada de trabalho, 94
7. Flexibilização das Leis Trabalhistas, 94

8. Ordem de Sobreaviso, prontidão e BIP, 95
9. Turnos ininterruptos de jornada de trabalho, 96
10. Jornada de trabalho *in itinere*, 96

Capítulo 8
FÉRIAS
1. Conceito, 99
2. Concessão de Férias, 99
3. Observações relevantes, 100
4. Férias coletivas, 100
5. Férias dos professores, 101
6. Férias em regime de tempo parcial, 101
7. Perda do direito de férias, 102
8. Prescrição das férias, 102

Capítulo 9
FUNDO DE GARANTIA POR TEMPO DE SERVIÇO – FGTS
1. Conceito e considerações, 103
2. Exceções ao FGTS, 102
3. Hipóteses de levantamento do FGTS, 104
4. Fator do Príncipe - *Factum Principes*, 105
5. Culpa recíproca, 105

Capítulo 10
AVISO PRÉVIO
1. Conceito, 107
2. Considerações importantes acerca do aviso prévio, 107
3. Forma de cumprimento do aviso prévio, 108

Capítulo 11
RESCISÃO DO CONTRATO DE TRABALHO
1. Conceito, 111
2. Tipos de rescisão do Contrato de Trabalho, 111
3. Por decisão do empregado, 113
4. Por culpa recíproca, 114
5. Rescisão do contrato de trabalho por prazo determinado, 115
6. Rescisão do contrato de trabalho por desaparecimento de uma das partes, 115
7. Força maior, 115
8 *Factum Principis*, 116

Capítulo 12
MEDICINA E SEGURANÇA DO TRABALHO
1. Conceito, 117
2. Medidas de prevenção de medicina e segurança do trabalho, 117
3. CIPA, 118
4. Proteção ao trabalho do menor, 118
5. Extinção do contrato de aprendizagem, 119

Capítulo 13
ESTABILIDADE E GARANTIA DE EMPREGO
1. Conceito, 121
2. Classificação, 121

Capítulo 14
LIBERDADE SINDICAL
1. Conceito e considerações importantes, 129
2. Dissídio coletivo, 130

Capítulo 15
ORGANIZAÇÃO SINDICAL
1. Conceitos e considerações importantes de sindicato, 133
2. Unicidade sindical, 133
3. Entidades sindicais de grau superior, 134
4. Contribuição obrigatória, 137
5. Contribuição facultativa, 138
6. *Lockout*, 139

Capítulo 16
PRINCIPAIS MULTAS PREVISTAS NA JUSTIÇA DO TRABALHO
1. Preliminares, 141
2. Multa do art. 477, § 8º da CLT, 141
3. Multa do art. 467 da CLT, 141
4. Multa do art. 479 da CLT, 142
5. Multa de 40% sobre os depósitos do FGTS, 142
6. Indenização adicional, 142

Capítulo 17
ÓRGÃOS DA JUSTIÇA DO TRABALHO
1. Preliminares, 145
2. Tribunal Superior do Trabalho – TST, 145

3. Tribunal Regional do Trabalho – TRT, 145
4. Juízes do Trabalho, 146

Capítulo 18
COMPETÊNCIA DA JUSTIÇA DO TRABALHO
1. Preliminares: conceito de jurisdição e competência, 147
2. Critérios de fixação de competência, 147

Capítulo 19
CARACTERÍSTICAS DO PROCESSO DO TRABALHO
1. Características do processo do trabalho, 153

Capítulo 20
DA COMISSÃO DE CONCILIAÇÃO PRÉVIA E ARBITRAGEM
1. Comissão de conciliação prévia, 159
2. Arbitragem, 160

Capítulo 21
DOS RITOS E DOS PROCEDIMENTOS TRABALHISTAS
1. Ritos trabalhistas, 161
2. Procedimento ordinário, 161
3. Procedimento sumaríssimo, 163
4. Procedimento sumário, 164

Capítulo 22
PRESSUPOSTOS rRECURSAIS
1. Conceito, 165
2. Espécies, 165

Capítulo 23
RECURSOS TRABALHISTAS EM ESPÉCIE
1. Preliminares, 167
2. Recursos em espécie, 167
3. Síntese dos recursos em espécie, 171

Capítulo 24
EXECUÇÃO NO DIREITO PROCESSUAL DO TRABALHO
1. Liquidação de Sentença, 173
2. Da execução propriamente dita, 173
3. Espécies, 174

4. Prazos, 174
5. Bens que são penhoráveis, 174
6. Prescrições, 174

Capítulo 25
PROCEDIMENTOS ESPECIAIS
1. Introdução, 179
2. Espécies de procedimentos especiais, 179

Capítulo 26
NOVAS TEORIAS DO DIREITO DO TRABALHO
1. Teoria do congraçar, 203
2. Teoria da provisão, 203
3. Teoria do dividendo, 203
4. Teoria da aquiescência, 203
5. Teoria da incoação, 203
6. Dádiva da compensação, 204
7. Teoria do preclaro, 204
8. Teoria do suxo, 204
9. Teoria do episódio, 204
10. Teoria da afloração, 204

Capítulo 1
FONTES DO DIREITO
DO TRABALHO

1. CONCEITO

Washington de Barros Monteiro define com muita propriedade o que vem a ser fontes do direito. "Fontes são os meios pelos quais se formam ou pelos quais se estabelecem as normas jurídicas. São os órgãos sociais de que dimana o direito objetivo."

Para Vólia Bomfim Cassar, o conceito de fonte do Direito do Trabalho significa

"meio pelo qual o Direito do Trabalho se forma, se origina e estabelece suas normas jurídicas. Ou seja, é a partir da fonte que se cria o direito e com este a obrigação e a exigibilidade ao cumprimento desta".

2. CLASSIFICAÇÃO

As fontes do Direto do Trabalho podem ser divididas em:

2.1 MATERIAIS

Na definição de Délio Maranhão

"são os fatores sociais que contribuem para a formação da substância, do conteúdo da norma jurídica". São os princípios ideológicos que se refletem na lei. São as necessidades sociais e históricas que dão alma ao preceito. São critérios de integração, interpretação e solução de problemas jurídicos. São exemplos: jurisprudência, analogia, equidade, princípios gerais de direito, direito comparado.

2.2 FORMAIS

São os modos de expressão da norma jurídica positiva retratada nas normas jurídicas, ou seja, são as normas jurídicas propriamente ditas, obrigatórias e predeterminadas. São as formas de exteriorização do Direito. Ex.: Constituição, leis, sentença normativa, dentre outras.

3. FONTES MATERIAIS

Nas palavras de Vólia Bomfim Cassar, a fonte material de Direito do Trabalho é a ebulição social, política e econômica que influencia de forma direta ou indireta na confecção, transformação ou formação de uma norma jurídica. Afinal, as leis são confeccionadas para satisfação dos apelos sociais e, o direito, para satisfazer a coletividade, ou seja, tanto trabalhadores como empregadores podem valer-se de normas que visem garantir seus interesses individuais.

Entende-se como fonte de direito material do Direito do Trabalho aquelas elencadas no art. 8º da CLT, quais sejam:

3.1 JURISPRUDÊNCIA

Segundo Miguel Reale

"jurisprudência é a forma de revelação do direito que se processa através do exercício da jurisdição, em virtude de uma sucessão harmônica de decisões dos tribunais".

3.2 ANALOGIA

Revela ideia de proporção, de correspondência, de semelhança. A analogia consiste em aplicar a um caso concreto, não previsto em lei, disposição relativa a caso semelhante. É um importante fator que auxilia o juiz em casos de relações sociais que necessitam ser resolvidas e que não estão reguladas em lei.

3.3 EQUIDADE

Para a aplicação da equidade deve se ter a noção da justiça, ou seja, a visão humanista do abrandamento da lei como regra genérica ao caso específico. O juiz deve atuar de forma a suavizar o rigor da norma abstrata, considerando-se as peculiaridades de cada caso em concreto. O juiz deve atuar de forma discricionária e não arbitrária.

3.4 PRINCÍPIOS E NORMAS GERAIS DE DIREITO

São os princípios que decorrem do próprio fundamento da legislação positiva que, embora não se mostrando expressos, constituem os pressupostos lógicos necessários das normas legislativas.

3.5 DIREITO COMPARADO

Solução dos problemas jurídicos levando-se em conta as normas jurídicas aplicadas em outros países.

Vale ressaltar que quando da aplicação das fontes materiais não pode haver sobreposição do interesse de uma classe particular sobre o interesse público.

4. FONTES FORMAIS

As fontes formais são formas de manifestação do direito, ou seja, aquelas impostas no sistema jurídico, com força coercitiva. Portanto, como bem enfatiza Maurício Godinho Delgado,

> fontes formais são os meios de revelação e transparência da norma jurídica – os mecanismos exteriores e estilizados pelos quais as normas ingressam, instauram-se e cristalizam-se na ordem jurídica.

As fontes formais podem ser divididas em:

4.1 FONTES FORMAIS AUTÔNOMAS OU PROFISSIONAIS – Não há intervenção do Estado, pois emergem da vontade dos próprios destinatários envolvidos na relação de emprego. São elas:

4.2 CONVENÇÕES E ACORDOS COLETIVOS.

Os fundamentos legais das convenções e acordos coletivos estão presentes no art. 7º, XXVI, CF; e arts. 611 §1º, CLT e ambos são instrumentos de AUTOCOMPOSIÇÃO por representarem a vontade estabelecida pelas partes, tornando-se normas obrigatórias, de cumprimento compulsório.

A convenção coletiva é o resultado de uma negociação coletiva, que objetiva pôr fim a conflitos que envolvem a categoria profissional e a categoria econômica.

Trata-se de um pacto de disposições, cláusulas e termos sobre condições de trabalho, expressos por um documento formal, na forma aparente de um contrato de vontades, porém explicitados pela lei, firmados entre dois ou mais sindicatos, sendo de um lado o sindicato patronal e do outro o sindicato dos trabalhadores.

O Acordo Coletivo de Trabalho também é um instrumento normativo, porém de menor abrangência. Trata-se de uma faculdade dos Sindicatos da Categoria Profissional em celebrar acordos com uma ou mais empresas da correspondente categoria econômica, também, a respeito de condições de trabalho aplicáveis no âmbito da empresa.

4.3 REGULAMENTO INTERNO DE EMPRESA

São as normas internas de uma empresa, que determinam a conduta de empregado e empregador na estruturação interna da empresa, procedimentos, vantagens e obrigações de ambas as partes.

4.4 USOS E COSTUMES

Ambos são vocacionados a suprirem lacunas percebidas nas principais fontes jurídicas que emergem no sistema e são referidos no art. 8º da CLT. Para Maurício Godinho Delgado, entende-se por USO

"a prática habitual adotada no contexto de uma relação jurídica específica, envolvendo as específicas partes componentes dessa relação e produzindo, em consequência, efeitos exclusivamente no delimitado âmbito dessas mesmas partes".

Assim, conceitua-se USO como sendo a "adoção reiterada de um contexto jurídico específico, que produz efeito exclusivamente à partes específicas".

Entende-se por COSTUME, em contrapartida, como sendo a adoção reiterada de uma determinada postura jurídica, em uma certa época, por um determinado grupo, conforme muito bem elucida Vólia Bomfim Cassar, com o qual concorda-se.

Os costumes apresentam-se de três formas:

- *Secundum legem* – Tem a função de integrar a lei, complementando-a. Ex.: Salário Supletivo disposto no art. 460 da CLT ao determinar que na falta de estipulação do salário o empregado terá direito a receber o que for habitualmente pago para serviço semelhante.
- *Praeter legem* – Quando o costume regula a matéria não suprida pela lei. Ex.: O pagamento de gorjetas não é obrigatório, porém, por demonstrar um costume, todos se sentem obrigados a pagá-la.
- *Contra legem* – É o costume contrário à lei. Ex.: O art. 59 da CLT limita a hora extra em 2 (duas) horas diárias, ao passo que a Súmula 376, I do TST autoriza o pagamento das demais horas excedentes.

5. FONTES FORMAIS HETERÔNOMAS

Heterônomas, estatais ou imperativas são as emanadas do Estado ou aquelas em que ele intervém na sua elaboração, ou seja, resultam da atividade estatal.

São elas:

5.1 CONSTITUIÇÃO

Trata-se da fonte de maior importância também para o Direito do Trabalho, porque dela emanam todas as normas, independentemente de sua origem e formação. A Constituição estabelece, em seus arts. 7º a 11, os direitos básicos dos trabalhadores e de suas entidades representativas, que constituem regras básicas a serem observadas pelas fontes hierarquicamente inferiores.

5.2 LEIS

Podem ser divididas em:

– *Leis complementares:* há vários dispositivos constitucionais que não têm aplicação imediata, isto é, não são autoaplicáveis e dependem de outra norma que lhes venha dar aplicação prática.

– *Leis ordinárias:* leis cujo processo de elaboração, tramitação e aprovação é ordinário, nos termos do art. 61 da Constituição Federal.

OBS: é de competência privativa da União legislar sobre Direito do Trabalho, conforme dispõe o art. 22, I, CF, o que impede os Estados-membros e os Municípios de o fazerem.

5.3 ATOS DO PODER EXECUTIVO

Os atos do Poder Executivo podem se dividir em:

– *Leis delegadas:* são leis elaboradas pelo Presidente da República, por delegação do Congresso Nacional, a quem compete originariamente elaborar a lei. Restringem-se as hipóteses do art. 68 da CF.

– *Medidas provisórias:* são instrumentos da iniciativa do Presidente da República, nos casos relevantes e urgentes, com força de lei (art. 62 da CF).

– *Decretos:* são os instrumentos legais aptos a regulamentar as leis, explicando-as e detalhando-as, mas não podem alterá-las.

5.4 SENTENÇAS NORMATIVAS

São decisões judiciais dos Tribunais Regionais do Trabalho ou do Tribunal Superior do Trabalho, dependendo do âmbito das entidades sindicais envolvidas no processo. Fundamentam-se no art. 114 da Constituição Federal e são frutos de tentativas de negociação coletiva entre entidades sindicais profissionais e patronais, que se frustram, não levando a acordo. Chamam-se decisões normativas, pois são decisões judiciais que contêm normas aplicáveis a empregados e empregadores envolvidos no processo de negociação.

5.5 SÚMULAS VINCULANTES, PRECEDENTES NORMATIVOS E ORIENTAÇÕES JURISPRUDENCIAIS.

As Súmulas correspondem ao posicionamento pacificado de determinado Tribunal, que servem de orientação para toda comunidade jurídica para tentar harmonizar entendimentos futuros sobre a questão sumulada.

As Súmulas Vinculantes não possuem apenas um caráter orientador para a comunidade jurídica, além disso possui caráter obrigatório para todos, sendo determinado aos juízes de instâncias inferiores julgar no sentido em que foi sumulada a questão.

Existem as chamadas Súmulas Impeditivas de recurso que, segundo Vólia Bomfim Cassar, tem o objetivo de impedir a interposição de recurso impetrado contra decisão que estiver em consonância com a matéria sumulada do STJ e do STF. Sua previsão está na Lei 11.276/06.

Os Precedentes Normativos são registros de decisões oriundas dos dissídios coletivos, com intenção de, mais tarde, uniformizá-las, enquanto as Orientações Jurisprudenciais são decisões oriundas da Seção de Dissídios Coletivos (SDC) e Seção de Dissídios Individuais I e II (SDI) do TST que reforçam a jurisprudência majoritária reiterada do TST, tanto em matérias coletivas quanto em matérias decididas em dissídios individuais, mas que ainda não têm autoridade exigida para se transformarem em Súmulas.

Capítulo 2
PRINCÍPIOS ESPECÍFICOS DO DIREITO DO TRABALHO

1. CONCEITO DE PRINCÍPIO

São linhas diretrizes com função informadora, normativa e interpretativa. Desta forma, os Princípios têm função de informar o legislador na fundamentação das normas jurídicas, assim como o de fonte normativa, de suprir as lacunas e omissões da lei. É de suma importância numa peça jurídica descrever um princípio, tendo em vista que está ligado a verdade absoluta.

2. ESPÉCIES DE PRINCÍPIOS DO DIREITO DO TRABALHO

Os Princípios do Trabalho são de suma importância para a matéria e por isso abaixo os elencamos.

2.1 PRINCÍPIO PROTETOR

Visa atenuar a desigualdade entre o trabalhador e o empregador. Há três vertentes desse princípio, quais sejam, *in dubio pro operario*, norma mais favorável e condição mais benéfica.

2.2 *IN DUBIO PRO OPERARIO*

Na dúvida a interpretação é a favor do trabalhador. (Ex.: inversão do ônus da prova.)

2.3 NORMA MAIS FAVORÁVEL

No caso de haver mais de uma norma aplicável (Constituição, lei, regulamento, convenção) utilizar a mais favorável ao empregado, quebrando a hierarquia das normas.

2.4 CONDIÇÃO MAIS BENÉFICA

A aplicação da norma nova não pode implicar a diminuição das conquistas alcançadas pelo trabalhador. É a transposição, para o Direito do Trabalho, do Princípio do *non reformatio in pejus*.

OBS: A FLEXIBILIZAÇÃO DE NORMAS LEGAIS EM CONVENÇÃO COLETIVA PODEM IMPEDIR A REGRA DA NORMA MAIS FAVORÁVEL E DA CONDIÇÃO MAIS BENÉFICA. Ex.: redução salarial.

2.5 PRINCÍPIO DA IRRENUNCIABILIDADE

Os direitos trabalhistas não são renunciáveis, ou seja, o trabalhador não poderá renunciar, por exemplo, ao recebimento do salário em razão de que a empresa passa por dificuldades financeiras. O art. 9° da CLT reza que "serão nulos de pleno direito os atos praticados com o objetivo de desvirtuar, impedir ou fraudar a aplicação dos preceitos trabalhistas".

2.6 PRINCÍPIO DA CONTINUIDADE DA RELAÇÃO DE EMPREGO

Presume-se que o contrato de trabalho irá ter validade por tempo indeterminado, ou seja, haverá a continuidade da relação de emprego. As exceções à regra são os contratos por prazo determinado.

2.7 PRINCÍPIO DA PRIMAZIA DA REALIDADE

Valem mais os fatos do que o constante de documentos, quando houver discordância entre ambos. São privilegiados, portanto, os fatos, a realidade, sobre a forma ou a estrutura empregada. (Ex.: trabalho em cooperativa e trabalho autônomo.)

Direito Material e Processual do Trabalho

2.8 PRINCÍPIO DA ISONOMIA SALARIAL

Refere-se à igualdade jurídica, segundo a qual devem ser proibidas as discriminações salariais em razão do sexo, cor, estado civil, etc. Se o trabalhador executa trabalho idêntico, o salário será o mesmo, desde que guardado suas proporções legais, conforme preceitua o art. 461 da CLT, que trata da equiparação salarial.

Capítulo 3
DO TRABALHADOR E DO EMPREGADO

1. EMPREGADO E TRABALHADOR

Reza o art. 3º da CLT: "Considera-se empregado toda pessoa física que prestar serviços de natureza não eventual a empregador, sob a dependência deste e mediante salário".

Assim, configura-se empregado aquele que preencher, conforme dispõe ao artigo, alguns requisitos essenciais, tal como ser pessoa física, ser subordinado, receber salário pelo serviço prestado, de forma pessoal e em caráter habitual.

O trabalhador é um gênero de que empregado é uma de suas espécies.

Diferem-se trabalhador e empregado, pois o último presta sua atividade profissional em troca de salário ou não, e a ele não se exige o preenchimento de alguns requisitos acima mencionados, tais como a exclusividade, subordinação e habitualidade, ou seja, não há vínculo empregatício com o trabalhador.

Todo empregado é trabalhador, mas nem todo trabalhador é empregado, além disso, a exclusividade não é requisito para ser empregado.

Ramirez Gronda (*Tratado de Derecho de Trabajo*, dirigido por Deveali, Buenos Aires, 1964, v. 1, p. 433):

"No sentido da nossa ciência, é um trabalhador (empregado ou obreiro) só o que normalmente vive prestando para outro sua atividade profissional, em troca de um salário, sem que nada tenha que ver com os prejuízos que possam sobrevir ao empresário".

Para Facilitar o Direito

A prestação de serviços e a relação de emprego são semelhantes entre si, porque ambas visam o modo como o trabalho é prestado, mas se diferem na forma como é denominada a atividade profissional, ou seja, por seus requisitos.

2. REQUISITOS PARA CARACTERIZAÇÃO DO CONTRATO DE TRABALHO

Os principais requisitos para a caracterização do contrato de trabalho estão previstos no art. 3º da CLT, quais sejam:

Subordinação
Habitualidade
Onerosidade
Pessoalidade
Pessoa física

A notação da CTPS, descrita no art. 29 da CLT, também é uma forma de configuração do contrato de trabalho, em que faz somente prova relativa (*juris tantum*). Em caso de descumprimento do empregador em fazer a anotação na CTPS do empregado, a secretaria da vara poderá fazê-lo e à ele será aplicado uma multa diária prevista no art. 461 do CPC.

Neste sentido, colacionamos os seguintes julgados:

ANOTAÇÃO EM CARTEIRA. HORAS EXTRAS. ADICIONAL. Reconhece-se o vínculo empregatício com anotação em carteira do referido período, pela ausência de provas do trabalho eventual ou autônomo das reclamadas, ônus do qual não se desincumbiram. Fraude que gera responsabilidade do devedor principal e solidária da 2ª Reclamada. Recurso ordinário provido parcialmente. (TRT 2ª Região – Juiz Relator DAVI FURTADO MEIRELLES – Acórdão: 20071023776 Publicado no DOE em 14.12.2007).

RECURSO ORDINÁRIO. CONTRATO DE TRABA-LHO. ANOTAÇÕES. ART. 41 DA CLT. As anotações geram apenas presunção relativa. Todavia, a veracidade dos fatos anotados subsiste quando não há prova inequívoca das alegações em contrário. (TRT 2ª Região – Juiz Relator CARLOS FRANCISCO BERARDO – Acórdão: 20070820680 Publicado no DOE em 02.10.2007).

Vínculo de emprego. Registro na CTPS. Obrigação do empregador. Cominação de multa diária para o adimplemento da obrigação. Possibilidade. A despeito da existência de previsão expressa no texto consolidado possibilitando que a secretaria do juízo efetive as anotações da CTPS do empregado, subsiste a responsabilidade do empregador, sendo plenamente admissível que o magistrado estabeleça prazo para o cumprimento daquela obrigação de fazer, sob pena de multa diária, com fundamento no art. 461 do CPC. Recurso ordinário não provido. (TRT 2ª Região – Juiz Relator DAVI FURTADO MEIRELLES – Acórdão: 20080599588 Publicado no DOE em 11.07.2008).

2.1 SUBORDINAÇÃO

Consiste submissão do empregado às ordens impostas pelo empregador, que exige a realização de serviços de acordo com sua vontade, ou seja, a subordinação jurídica é decorrente do poder de direção do empregador ao empregado que obedece suas ordens.

Nas palavras do Ilustre Doutrinador Sérgio Pinto Martins em sua obra *Direito do Trabalho* – 2ª edição – p. 129,

> "a subordinação é decorrente da atividade do empregado, ao prestar serviços ao empregador", que poderá ser de várias espécies:
> a. Econômica – em tese, seria a dependência econômica do empregado em face do empregador;
> b. Técnica – situação em que o empregado depende das determinações técnicas do empregador;

c. Moral – obrigação do empregado em cooperar, com eficiência e lealdade, para o fim econômico da empresa;
d. Social – o empregado depende do empregador para realizar seus compromissos sociais;
e. Hierárquica – o empregado está subordinado às ordens de superiores devendo a eles responder;
f. Jurídica – o empregado está subordinado ao empregador em decorrência do contrato de trabalho e da lei (art. 3º da CLT);
g. Objetiva – integração do trabalhador na vida empresarial;
h. Subjetiva – submissão do empregado ao empregador e seu poder de fiscalização e direção;
i. Estrutural – trabalhador inserido na estrutura e organização da empresa;
j. Direta e imediata – que ocorre com o empregador;
k. Indireta ou mediata – a organização do trabalho é estabelecida pelo tomador de serviço, contudo, o trabalho é efetivamente dirigido pelo empregador (Súmula 331 do TST);
l. Típica – é inerente ao contrato de trabalho, cuja determinação quanto ao local da prestação de serviços é procedida pelo empregador;
m. Atípica – é pertinente a outros contratos, como no trabalho eventual, autônomo, etc.

2.2 PARASSUBORDINAÇÃO

É a nomenclatura dada pelo Direito Italiano aos trabalhadores que não são empregados, mas que exercem atividades similares as destes, mediante paga pelo serviço prestado. A legislação brasileira não prevê a figura do parassubordinado.

Defendemos a posição de Giancarlo Perone citado por Amauri Mascaro Nascimento em sua obra *Curso de Direito do Trabalho*, 21ª edição – 2006, p. 431 que pondera:

> "sendo a empresa uma organização na qual há um poder diretivo, é natural que nela coexistam diversos graus e títulos de ingerência pertinentes ao poder do empregador, correspondendo a diversas

hipóteses de qualificação do vínculo jurídico, no caso da atividade coordenada, resultando, de modo bilateral, de um acordo entre as partes quanto às determinações sobre tempo, modo e conteúdo da prestação, enquanto no caso de atividade subordinada provindo de determinação unilateral do empregador como expressão do seu poder de direção sobre o trabalho dos empregados, para concluir que atividade coordenada não é o mesmo que atividade subordinada".

Assim, o trabalho **parassubordinado** é aquele realizado por trabalhador que, juntamente com o tomador de serviços, acorda de forma livre e bilateral as condições e formas com que o serviço será prestado, em nada alterando a autonomia do trabalho coordenado, ainda que preenchidos os requisitos da subordinação, continuidade e pessoalidade caracterizadores da relação de emprego, ao passo que no trabalho subordinado, as normas são impostas pelo empregador ao empregado, de forma paritária, no qual lhe deve obediência.

Neste sentido, é o que dispõe a jurisprudência a seguir:

REPRESENTAÇÃO COMERCIAL X RELAÇÃO DE EMPREGO – Deve ser extremamente cuidadoso o exame do julgador quanto aos fatos que envolvam questões dessa ordem, porquanto os arts. 27 e 28 da Lei 4.886/65 trazem inúmeras obrigações por parte do representante que, à primeira vista, podem ser confundidas com a subordinação jurídica decorrente do poder diretivo do empregador. Está obrigado o representante comercial autônomo a acolher as orientações transmitidas pelos representados e, ainda, a fornecer informações detalhadas sobre o andamento dos negócios a seu cargo, não podendo, salvo autorização expressa, conceder abatimentos, descontos ou dilações, nem agir em desacordo com as instruções do representado. De modo que os fatos denominados pelo recorrido como caracterizadores da subordinação jurídica nada mais são do que poderes conferidos pela Lei aos representados e obrigações próprias da atividade de representação comercial, que vem

sendo classificada dentro uma nova *fattispecie* de relação de trabalho – a parassubordinação.
Processo 01432-2002-492-05-00-1 RO, ac. n° 002007/2004, Relatora Desembargadora GRAÇA LARANJEIRA, 2ª. TURMA, DJ 17/02/2004.

Todavia, a matéria é controvertida, para o doutrinador Sérgio Pinto Martins, por exemplo, a parassubordinação é sinônimo de telessubordinação, isto é, de subordinação à distância, mesmo sendo empregado.

Amauri Mascaro Nascimento, em sua obra *Curso de Direito do Trabalho* 21ª edição – 2006, p. 430, estabelece que o trabalho parassubordinado:

> (...) é uma categoria intermediária entre o autônomo e o subordinado, abrangendo tipos de trabalho que não se enquadram exatamente em uma das duas modalidade tradicionais, entre as quais se situa, como a representação comercial, o trabalho dos profissionais liberais e outras atividades atípicas, nas quais o trabalho é prestado com pessoalidade, continuidade e coordenação. Seria a hipótese, se cabível, do trabalhador autônomo com características assimiláveis ao trabalho subordinado.

2.3 HABITUALIDADE

Consiste na observação da continuidade do serviço, atualmente reconhecido pelo TST como aquele prestado em até 3 vezes por semana, 4 horas por dia. Deve haver realização de um trabalho de natureza contínua, não podendo este ser episódico ou ocasional.

"O REQUISITO NÃO EVENTUALIDADE PREVISTO NO ART. 3º DA CLT DEVE SER ENTENDIDO COMO REINTERAÇÃO NA PRESTAÇÃO DE SERVIÇOS, SENDO POSSÍVEL RECONHECER-SE RELAÇÃO DE EMPREGO NA HIPÓTESE DE TRABALHO DE 2 A 3 VEZES POR SEMANA" (TRT 02ª Região – Juiz Relator BRAZ JOSE MOLLICA – Acórdão 02960358435 – Publicado no DOE em 01/08/1996).

DOMÉSTICA. TRABALHO EM TRÊS DIAS SEMA-NAIS E PRESTADOS AO LONGO DE VÁRIOS ANOS. VÍNCULO EMPREGATÍCIO RECONHECIDO. A continuidade prevista no art. 1º da Lei 5.859/72, como elemento essencial à relação de emprego doméstico, caracteriza-se pelo comparecimento durante toda a semana ou, ao menos, na maior parte dos dias, à exceção dos domingos. À míngua de critérios objetivos na lei e que possam servir de parâmetro para tal conclusão, a jurisprudência tem se orientado no sentido de considerar empregado doméstico o trabalhador que preste serviços em pelo menos três dias na semana e para a mesma residência. Trata-se de construção jurisprudencial que adotou referido parâmetro por entendê-lo perfeitamente indicativo do requisito da *continuidade* e que se traduz no diferencial entre o trabalho na condição de verdadeiro empregado doméstico e o de simples diarista.

2.4 ONEROSIDADE

É a contraprestação pelo serviço prestado, a reciprocidade de vantagens, o empregado presta serviços ao empregador que em contraprestação lhe paga pelo serviço prestado.

Esta contraprestação do contrato de trabalho é traduzida pelo pagamento de salário em pecúnia ou utilidade, porém, se parte do salário for em utilidade, deverá ser garantido ao empregado pelo menos 30% do salário mínimo em dinheiro, conforme art. 82 parágrafo único da CLT.

Se não houver pagamento de salário, a prestação de serviço será voluntária e gratuita, não se caracterizando um empregado. Trata-se de uma relação economicamente desinteressada. São exemplos: trabalho voluntário, o estagiário, dentre outras.

2.5 PESSOALIDADE

O empregado deverá prestar seus serviços ao empregador pessoalmente, não podendo se fazer substituir por outra pessoa. Trata-se de um contrato denominado *intuitu personae*, onde o empregador conta com pessoa certa e específica para lhe prestar o serviço.

2.6 PESSOA FÍSICA

Somente pessoa física poderá ser empregado, ou seja, pessoa jurídica ou animal não poderá ser conceituado dessa forma.

2.7 JURISPRUDÊNCIA PERTINENTE AO TEMA

Colacionamos dois julgados que exemplificam a caracterização ou não de algumas relações de emprego, conforme seguem:

"**VÍNCULO EMPREGATÍCIO.** Não provada a presença dos elementos de que fala o art. 3º da CLT, não há como declarar a existência de vínculo empregatício entre as partes. Somente a prestação de serviços habituais e remunerados, mediante subordinação direta e pessoal ao tomador dos serviços, enseja o reconhecimento do vínculo. (TRT 12ª Região – RO 03118.2007.022.12.00.6 – 1ª Turma – Juíza Relatora Águeda M. L. Pereira – Publicado no TRTSC/DOE em 02-05-2008)". (g.n)

VÍNCULO EMPREGATÍCIO – CARACTERIZAÇÃO. A intermitência na prestação dos serviços não caracteriza o trabalho como eventual. Restando presentes os requisitos da relação empregatícia, é de se proclamar a existência do contrato de trabalho regido pela legislação trabalhista. **HORAS EXTRAS – PROVA –** Estando a jornada de trabalho, declinada na inicial, evidenciada pela prova oral e pelas incertezas do depoimento pessoal do empregador, não merece reforma a decisão que reconhece ao empregado o direito às horas extras laboradas.

MULTA DO ART. 477, § 8º, DA CLT – VÍNCULO EMPREGATÍCIO RECONHECIDO EM JUÍZO – AUSÊNCIA DE CONTROVÉRSIA. Inexistindo controvérsia sobre a caracterização do vínculo empregatício, o seu reconhecimento em juízo não afasta a incidência da multa do art. 477, § 8º, da CLT. (TRT 15ª Região – Acór-

Direito Material e Processual do Trabalho

dão 002399/2008 – 1ª Turma – Desembargador Relator Luiz Antonio Lazarim – Publicado em 18.01.2008).

3. TIPOS DE EMPREGADOS ESPECIAIS

3.1 EMPREGADA MULHER

A CLT ainda protege a mulher no que tange às atividades físicas e para a maternidade.

O serviço que demande força muscular é protegido da seguinte maneira: a) 20 kg por vez (para o trabalho contínuo); b) 25 kg por vez (para o trabalho esporádico). Vale ressaltar que na existência de carrinho sob trilhos, não haverá limite de peso e que o homem, diferentemente da mulher, pode carregar até 60 kg.

Proibições legais que vedam distorções que afetem o acesso da mulher ao mercado de trabalho

Elenca os arts. 373, 373-A e incisos da CLT formas protetivas ao trabalho da mulher, dentre elas, podemos destacar:

1) Publicar anúncios de emprego no qual haja referência ao sexo, idade, cor ou à situação familiar.

2) Recusar emprego, promoção ou motivar a dispensa do trabalho em razão do sexo, idade, cor, situação familiar ou estado de gravidez.

3) Considerar sexo, idade ou situação familiar para determinar a remuneração.

4) Exigir atestado ou exame para comprovação de gravidez ou esterilidade no ato da admissão.

5) Proceder ao empregador ou seus prepostos revista íntima nas empregadas.

A rescisão do contrato de trabalho por ato discriminatório faculta ao empregado a optar pela readmissão com ressarcimento integral de todo o período de afastamento, ou, a percepção em dobro, da remuneração do período de afastamento.

Dos métodos e locais de trabalho apropriados para as mulheres

Dispõe o art. 389 § § 1º e 2º da CLT que os estabelecimentos em que trabalharem pelo menos 30 mulheres com mais de 16 anos, terão local apropriado onde seja permitido às empregadas, guardar sob vigilância e assistência, os seus filhos no período da amamentação. Dispõe ainda que poderá ser suprida por meio de creches distritais, mantidas diretamente ou mediante convênios com outras entidades públicas ou privadas, pelas próprias empresas, em regime comunitário, ou a cargo do SESI, SESC, LBA ou entidades sindicais.

Estabilidade da gestante

A estabilidade da gestante se dá do momento de sua gravidez isto é, do momento da concepção fetal, independentemente da comunicação do empregador. Sendo assim, só poderá ser dispensada pelas hipóteses de justa causa.

O período de estabilidade se dá da confirmação da gravidez, até 5 meses após o parto, desde que seu contrato seja por prazo indeterminado.

Licença-Maternidade

A licença-maternidade se dá pelo período de 120 dias, porém, é facultado ao empregador estender este prazo por mais 60 dias, totalizando 180 dias, em que receberá por isso, apenas a isenção no Imposto de Renda e o recebimento de um certificado denominado <u>Diploma de Benemerência</u>.

O afastamento da gestante, por motivo de licença-maternidade, ocasionará a interrupção de seu contrato de trabalho, momento em que perceberá apenas o salário-maternidade que será pago pelo INSS.

O pai terá direito à licença-paternidade pelo período de 5 dias corridos, contados do nascimento da criança.

Já no caso de adoção, segue a regra abaixo estabelecida, lembrando-se que a diferença de idade entre adotante e adotado deverá ser de, no mínimo, 16 anos:

IDADE DA CRIANÇA ADOTADA	PERÍODO DA LICENÇA
Até 01 ano	120 dias
De 01 a 04 anos	60 dias
De 04 a 08 anos	30 dias
Mais de 08 anos	Não há licença

Garantia de direitos à gestante sem prejuízo de salário

São garantias à gestante sem prejuízo de salário e demais direitos, conforme dispõe o art. 392, § 4º da CLT, as seguintes situações: a) transferência de função, quando condições de saúde o exigirem, assegurada a retomada da função anteriormente exercida, logo após o retorno ao trabalho; b) em caso de aborto espontâneo, até o 6º mês de gestação, a mulher tem direito a licença-maternidade de duas semanas. Após o 6º mês de gestação, licença de 120 dias; c) a mulher grávida pode faltar sem justificativa por 6 dias. Ainda, pelo art. 396 da CLT, durante a jornada, terá direito a descanso especial, dois descansos de meia hora cada, para amamentar o filho até que complete 6 meses.

3.2 EMPREGADO DOMÉSTICO

Qualquer pessoa física que presta serviços no âmbito residencial, de forma pessoal, subordinada, continuada, mediante salário e desde que a prestação de serviços não ofereça lucro ao empregador, que poderá ser qualquer pessoa física ou família.

O empregado doméstico tem base legal específica, que atualmente se encontra nas Leis 5.859/72, 10208/01 e 11.324/06 além do art. 7º da Constituição Federal.

Não se analisa a atividade do doméstico pelo que exerce e sim para quem exerce, pois, indiferente, desde que essa atividade seja exercida para qualquer pessoa física ou família em âmbito residencial.

Assim, utilizando-se do exemplo citado por Vólia Bomfim Cassar, se uma empregada exerce a função de cozinheira, por si só não há como caracterizá-la doméstica, pois, se seu empregador for uma pessoa física em âmbito familiar será considerada doméstica, porém, se for restaurante ou hotel, será considerada empregada urbana.

São exemplos de empregados domésticos, o caseiro, motorista particular, segurança particular, babá, governanta, médico que acompanha paciente todos os dias durante meses em sua casa, enfermeira, professor, dentre outros.

Principais Características

a) Não oferecer lucro ao empregador: se o empregado doméstico, mesmo que no âmbito residencial, exercer atividades com fins lucrativos perderá sua característica. Ex.: se uma "empregada doméstica" auxilia sua patroa na confecção de marmitas para revenda, perderá a qualidade de doméstica caracterizando-se como qualquer empregado;

b) *Prestar serviços contínuos, ou seja, comparecimento de pelo menos três vezes por semana na residência do empregador, com trabalho diário de pelo menos quatro horas.

c) Prestação de serviços à pessoa física;

d) Receber salário pelo serviço prestado;

e) Não fazer-se substituir.

*No que tange à característica de prestação de serviços contínuos, a jurisprudência já definiu qual seria o tempo a ser considerado como trabalho contínuo.

Para melhor elucidação do tema, dispomos do seguinte entendimento jurisprudencial:

VÍNCULO EMPREGATÍCIO DOMÉSTICO NÃO CONFIGURADO. PRESTAÇÃO DE SERVIÇOS DESCONTÍNUA. AUSÊNCIA DOS REQUISITOS DO ART. 1º DA LEI Nº 5.859/72. A prestação de serviços descontínua, consubstanciada em faxinas em um ou dois dias por semana, no âmbito residencial da família, não configura o vínculo contratual de trabalhador doméstico, por falta de pressuposto. Diferentemente do que consta no art. 3º da CLT, o qual exige a habitualidade, há regra específica na Lei nº 5.5859/72 que exige, para configuração do vínculo de doméstico, a continuidade. A prestação de serviços descontínua, no âmbito residencial e sem fim lucrativo caracteriza a atividade de diarista, apenas. (TRT 2ª Região – Acórdão 20080405422 – 4ª Turma – Juiz Relator Paulo Augusto Câmara – Publicado no DOE/SP em 27-05-2008)".

Direitos dos empregados domésticos

a) Registro na CTPS – é obrigatório a anotação na CTPS. Se duas ou mais unidades familiares distintas ou similares ajustarem a contratação do mesmo empregado por um valor mensal fixo, em alguns dias por semana, um deles deverá proceder o registro na CTPS, ficando ambos responsáveis solidariamente pelas obrigações trabalhistas por se tratarem de empregadores reais. Hipótese em que se denomina Consórcio de empregador doméstico.

b) Salário mínimo.

c) Irredutibilidade de salário – art. 7º inciso VI da CF.

Porém, poderá sofrer descontos no salário, nas hipóteses abaixo, entretanto deve receber pelo menos 30% do salário:

• Em caso de prejuízo intencional ao patrimônio do empregador, poderá ter descontado o valor de seu salário, independentemente de previsão contratual, todavia, se o prejuízo não for intencional, só poderá ter o valor descontado se houver previsão em contrato;

• Faltas injustificadas;

• Contribuição ao INSS;

• 6% de desconto pelo vale-transporte, quando houver, sobre o salário-base;

• Moradia, quando for expressamente acordada entre as partes e a residência for em local diverso da que presta serviços.

d) 13º salário com base no último recebido.

e) Descanso semanal remunerado, preferencialmente aos domingos, se não for concedido deverá receber em dobro. A Lei 11.324/06 concedeu DSR em dia feriado civil ou religioso, portanto, se cair nestes dias, o pagamento deverá ser feito em dobro ou o empregador deverá conceder uma folga compensatória.

f) Férias anuais remuneradas com o acréscimo de, pelo menos, 1/3 do salário normal. Em caso de férias vencidas, o pagamento deverá ser feito em dobro com mais 1/3.

g) Licença-maternidade de 120 dias – causará a SUSPENSÃO do contrato de trabalho, ou seja, não receberá salário, sendo este benefício pago pela Previdência Social a partir da 23ª semana de gestação.

Em caso de aborto não criminoso, a empregada gestante terá direito à 2 semanas de licença se a gestação for até o 6º mês, porém, se for superior ao 6º mês, a licença será de 120 dias.

Em caso de adoção, segue a regra da empregada convencional;

h) Garantia de emprego à doméstica gestante, da confirmação da gravidez até 5 meses após o parto desde que seja contrato por prazo indeterminado.

Em caso de auxílio-doença, o empregado doméstico é afastado de imediato, sendo o benefício pago pelo INSS desde o primeiro dia de afastamento.

i) Licença-paternidade de 5 dias contados do nascimento do bebê.

j) Integração à Previdência Social;

k) Aviso prévio de 30 dias indenizado ou cumprido. Se cumprido, poderá sair 2 horas mais cedo por dia ou 7 dias corridos no mês do aviso e conta-se para efeitos do contrato.

l) Vale-transporte – poderá ter um desconto de 6% de seu salário;

m) FGTS – o recolhimento é opcional, porém uma vez recolhido tem caráter irretratável. Se recolhido terá direito a seguro-desemprego (três pagamentos de um salário mínimo). A base de cálculo é de 8% sobre o salário pago ou devido que deverá ocorrer até o 7º dia do mês seguinte. Se for feriado ou final de semana, o pagamento deverá ocorrer no dia útil anterior.

n) Seguro-desemprego, exclusivo ao empregado doméstico inscrito no FGTS por um período mínimo de 15 meses nos últimos 24 meses, contados da dispensa sem justa causa, desde que não esteja em gozo de benefício previdenciário.

o) Aposentadoria:

• Por invalidez=> mediante comprovação de incapacidade que se dá através de exame médico pericial a cargo do INSS, com sujeição à carência de 12 meses. Se retornar ao trabalho, a aposentadoria por invalidez cancela-se automaticamente.

• Por idade=> segurado com 65 anos de idade e à segurada com 60 anos, desde que haja o cumprimento de carência de, pelo menos, 180 contribuições mensais.

Direito Material e Processual do Trabalho

NÃO tem direito à:
- Hora extra (art. 59 da CLT)
- Insalubridade ou Periculosidade (arts. 193 e 195 da CLT)
- Adicional noturno e transferência (arts. 73 e 469 da CLT)
- Estabilidade – Salvo gestante
- Salário família
- Salário *in natura*
- Equiparação salarial (art. 461 da CLT)
- Multa do art. 477 § 8º da CLT

Neste diapasão, observa-se o entendimento jurisprudencial abaixo:

EMPREGADO DOMÉSTICO. O art. 7º, parágrafo único da CF de 1988, ao estender à categoria dos empregados domésticos diversos direitos atribuídos aos trabalhadores em geral, não incluiu nenhuma disposição referente a percentuais *in natura*, dobra de salários retidos ou multa por atraso no pagamento de verbas resilitórias, não se lhes aplicando, por consequência, os dispositivos correspondentes da CLT (arts. 458, § 3º, 467 e 477). (TRT 1ª Região – 3ª Turma. Relatora Juíza Nídia Assunção Aguiar, RO 19477/95, DORJ 06/04/98, parte III, S.I.).

Hipóteses de Rescisão do Contrato de Trabalho do Empregado Doméstico

A rescisão do contrato de trabalho do empregado doméstico pode se dar de diversas formas, tais como: pedido de demissão, dispensa com ou sem justa causa, falecimento de uma das partes ou aposentadoria do empregado.

Em caso de pedido de demissão do empregado, ele terá os seguintes direitos:

- Saldo de salário do mês;
- 13º proporcional;
- Férias vencidas e proporcionais + 1/3;

Em caso de demissão **SEM** justa causa, lhe são assegurados os seguintes direitos:

- Saldo de salário do mês;
- 13º proporcional;

• Férias vencidas e proporcionais + 1/3;

• Aviso prévio – se dispensado do aviso, o empregado receberá por 30 dias com incidência no 13º salário e férias proporcionais. OBS: para efeito de cálculo do 13º e férias, a fração igual ou superior a 15 dias de trabalho será havida como mês integral.

• Recebimento das guias do FGTS e seguro-desemprego (se for o caso)

Se houver recusa do empregado doméstico em assinar o termo de rescisão contratual ou em receber o valor devido, o empregador poderá fazê-lo, judicialmente, através de uma ação denominada "consignação em pagamento".

Não há necessidade de homologação da rescisão perante os órgãos competentes, tais como, Ministério do Trabalho e sindicato da categoria.

Em caso de demissão **COM** justa causa, ao empregado doméstico será assegurado:

• Saldo de salário

• Férias vencidas

Se o empregado doméstico já tiver recebido um adiantamento pelo 13º salário, deverá devolvê-lo ao empregador.

*As hipóteses de dispensa COM justa causa são as mesmas previstas no art. 482 da CLT, contudo, ao empregado doméstico não se aplica a realização de negociação habitual e revelação de segredos.

Em caso de Rescisão Indireta, o doméstico quando submetido a condições ilegais, desumanas e indignas, poderá requerê-la, retirando-se do emprego imediatamente, porém deverá certificar-se de haver provas concretas ou testemunhais que comprovem a ocorrência dos fatos e, neste caso, não terá prejuízo nas verbas rescisórias.

DIARISTA => Apesar de seu âmbito de trabalho ser o mesmo da empregada doméstica, qual seja, a prestação de serviços à pessoa física ou família, que não tenha fins lucrativos, é considerado trabalhador que presta serviços de natureza **não contínua**, de forma livre e por conta própria. Entretanto, sua contratação deve ser cuidadosamente analisada, tendo em vista a diferença tênue existente entre a diarista e a empregada doméstica, principalmente no que tange à quantidade de dias de serviço prestados por semana.

3.3 APRENDIZ

Com previsão legal no art. 428 da CLT, menor aprendiz é aquele que está entre 14 e 24 anos, que se submete a um contrato de trabalho especial, ajustado por escrito e por prazo determinado cujo objetivo é a aprendizagem.

O menor aprendiz deve receber pelo menos um salário mínimo por mês e seu contrato de trabalho deve ser registrado desde o primeiro dia de trabalho.

Observação: Quando se tratar de aprendizes portadores de deficiência, não se aplica a idade máxima prevista, conforme § 5ª do art. 428 da CLT.

O art. 430 da CLT apresenta um rol de entidades qualificadas e autorizadas a proporcionar o curso de aprendizagem, quando os Serviços Nacionais de Aprendizagem não oferecerem cursos ou vagas suficientes para atender a demanda dos estabelecimentos.

As quotas para contratação de aprendizes pelas empresas estão previstas no art. 429 da CLT, quais sejam, 5% no mínimo e 15% no máximo dos trabalhadores existentes em cada estabelecimento. Contudo, as quotas descritas no referido artigo não se aplicam quando o empregador for entidade sem fins lucrativos, que tenha por objetivo a educação profissional.

Principais Características

a) FGTS obrigatório – Empregador deposita 2,5% ao mês da remuneração para ou devida no mês anterior (2% ao aprendiz e 0,5% ao Fisco).

b) Jornada máxima de seis horas, sendo vedadas a prorrogação e a compensação de jornada, SALVO, se o aprendiz já tiver completado o ensino fundamental, poderá ter uma jornada de 8 horas, respeitada a concessão de intervalo para descanso e refeição, desde que sejam computadas como horas destinadas à aprendizagem teórica (art. 432 e § 1º da CLT).

c) Proibido hora extra, mas se for maior de 18 anos poderá fazer.

d) Contrato por prazo determinado (2 anos).

e) Obrigatória anotação em CTPS.

f) Empregador paga INSS.

g) É obrigatório que esteja estudando.

h) Se for reprovado em seus estudos, poderá ser dispensado por justa causa.

O contrato de aprendizagem se extingue, conforme art. 433 da CLT:
* Em seu termo ou quando completar 24 anos de idade.
* Desempenho insuficiente ou falta de adaptação do aprendiz, ou seja, quando o menor não tem bons resultados escolares ou não consegue se adaptar às atividades de formação profissional.
* Falta disciplinar grave.
* Ausência injustificada à escola que implique perda do ano letivo.
* A pedido do próprio aprendiz.

3.4 EMPREGADO EM DOMICÍLIO

Conforme arts. 6º e 83 da CLT, trabalho em domicílio é o executado na habitação do empregado ou em oficina de família, por conta de empregador que o remunere.

Assim, empregado em domicílio é aquele que realiza um trabalho ou prestação de serviço, em seu âmbito residencial ou na sede do empregador, produzindo trabalho artesanal, de pequena indústria caseira mediante remuneração.

Por esta razão, não há distinção entre o trabalho realizado no estabelecimento do empregador e o executado no domicílio do empregado, desde que esteja caracterizada a relação de emprego (art. 6º da CLT). Daí a diferença entre o empregado em domicílio e empregado doméstico, pois, no primeiro, o trabalho "oferece lucro", enquanto no segundo sua principal característica é um trabalho que "não ofereça lucro" ao seu empregador.

O empregado em domicílio tem todos os direitos trabalhistas de um empregado convencional.

Mesmo contratado por prazo determinado, ou sem registro em CTPS, no caso de acidente de trabalho, tem direito à estabilidade de 12 meses, e, em caso de gestação, tem estabilidade gestante.

Neste sentido, dispõe a jurisprudência:

ESTABILIDADE ACIDENTÁRIA – CONVERSÃO EM INDENIZAÇÃO SUBSTITUTIVA – POSSIBILIDADE.
O art. 118 da Lei 8.213/91 garante estabilidade ao empregado que sofreu acidente de trabalho, no período de doze meses, após a cessação do auxílio-doença acidentário. Esta figura le-

gal se define como o direito de o trabalhador permanecer no emprego, mesmo contra a vontade do empregador. É cediço que essa estabilidade visa, justamente, assegurar ao reclamante debilitado ou fragilizado depois do período de afastamento, em função do acidente de trabalho, a garantia do seu posto de serviço para recuperação de sua saúde. Neste período, executando as suas atividades, estará o reclamante autoavaliando-se sobre a sua progressão na recuperação da plena capacidade de trabalho, ou buscando a assistência médica e previdenciária, caso verifique a intercorrência de doença no período, em função até mesmo de sequelas deixadas pelo acidente, garantindo-lhe o direito de <u>assistência ou licença</u> com novo e sucessivo período de estabilidade, caso verificado o nexo causal entre a doença e o acidente, quiçá de aposentadoria em caso de agravamento da doença que impossibilite o desempenho de suas atividades. Não pode o autor pretender apenas a indenização substitutiva, portanto, sem qualquer justificativa plausível que "desaconselhe" a sua reintegração, ainda mais quando proposta no curso do período da estabilidade. Cogitar desse pagamento seria desvirtuar a própria natureza da garantia da estabilidade acidentária. (TRT 6ª Região – Proc. 00605.2004.341.06.00.0(RO) – PE – Juiz Relator Acácio Júlio Kezen Caldeira – Publicado no DOE/PE de 15/09/2005 – DT – maio/2006 –vol. 142, p. 158).

3.5 EMPREGADO PÚBLICO

Conceito

É o funcionário da União, Estados, municípios, suas autarquias e fundações que seja regido pela CLT ou por Estatuto, tendo todos os direitos igualados aos do empregado comum, ressalvadas as exceções:

Diferença entre empregado público celetista e estatutário

O funcionário público celetista terá direito à FGTS, mas não possuirá estabilidade. Como exemplos de empregados públicos celetistas, podemos citar o funcionário da Caixa Econômica Federal, Banco do Brasil.

Já o Estatutário, não terá direito à FGTS, porém, possuirá estabilidade. Como exemplos de empregados públicos estatutários, podemos citar o Juiz de Direito, Promotor de Justiça, Delegado de Polícia, etc.

O empregado público celetista ingressa com Reclamação trabalhista perante a Vara do Trabalho, enquanto o empregado público estatutário ingressa com Reclamação Trabalhista perante a Vara da Fazenda Pública.

Forma de ingresso e direitos em caso de exoneração do empregado público celetista

O empregado público irregular (aquele que fraudou o concurso), no ato de sua exoneração, terá direito ao saldo do salário mensal, e, se CLT, poderá sacar o FGTS.

A contratação de pessoal para emprego público deverá ser precedida mediante concurso público – art. 37, II, CF e Súmula 331, II do TST. A contratação após a Constituição de 1988, sem prévia aprovação em concurso público, somente lhe dará direito ao pagamento da contraprestação pactuada, em relação ao número de horas trabalhadas, respeitando o valor da hora do salário mínimo e dos valores referentes aos depósitos do FGTS – Súmula 363 do TST.

Neste sentido, dispõe a jurisprudência:

EMPREGADO PÚBLICO. ADMISSÃO SEM PRÉVIA REALIZAÇÃO DE CONCURSO. NULIDADE DO CONTRATO. EFEITOS. A investidura sem prévia aprovação em concurso público está em desalinho com o disposto no art. 37, inc. II, da Constituição Federal, o que atrai a incidência da disposição constante do § 2º do citado dispositivo constitucional. Trata-se, pois, de nulidade absoluta, com eficácia *ex tunc*, salvo no tocante ao valor devido pelo trabalho efetivamente realizado, observado o número de horas, a título de indenização, e aos depósitos do FGTS na conta vinculada do trabalhador (art. 19-A da Lei nº 8.036/90). (TRT 12ª Região – Acórdão 5037/2007 3ª Turma – Juíza Lília Leonor Abreu – Publicado no TRTSC/DOE em 18-09-2007).

3.6 EMPREGADO RURAL

Conceito
É a pessoa física que, em propriedade rural ou prédio rústico, presta serviços com continuidade a empregador rural, mediante dependência e salário, conforme art. 2º da Lei nº 5.889/73.

Diferença entre empregado rural e urbano
A Constituição Federal em seu art. 7º *caput*, igualou de vez os direitos do trabalhador urbano e do rural, sendo que agora, ambos têm os mesmos direitos. A exceção ocorre com:

a) Adicional noturno: o adicional noturno para o trabalhador rural é de 25% enquanto o do urbano é de 20%.

b) Horário noturno: para o trabalhador rural agrícola ocorre das 21hs às 5hs; para o pecuarista das 20hs às 4hs; enquanto o trabalhador urbano ocorre das 22hs às 5hs.

c) Redução de jornada noturna: a hora noturna é de 52 minutos e 30 segundos, diferentemente do urbano que é de 60 minutos.

d) Aviso prévio: Jornada reduzida com um dia por semana para procurar emprego, ao longo dos trinta dias.

e) Salário *in natura*: Para o trabalhador rural pode ser descontado no máximo 25% de alimentação e 20% de habitação. Enquanto para o urbano pode se descontar no máximo 20% de alimentação e 25% de habitação.

Sintetizando o acima exposto temos:

PRINCIPAIS DIFERENÇAS	TRABALHADOR URBANO	TRABALHADOR RURAL
ADICIONAL NOTURNO	20%	25%
HORÁRIO NOTURNO	22hs às 5hs	Agrícola: 21hs às 5hs Pecuarista: 20hs às 4hs
REDUÇÃO DE JORNADA NOTURNA	52 min e 30 seg	60 min
AVISO PRÉVIO	1h/dia procurar emprego	1 dia por semana
SALÁRIO *IN NATURA*	Habitação: 25% Alimentação: 20%	Habitação: 20% Alimentação: 25%

4. DO TRABALHADOR

4.1 CONCEITO

Segundo José Augusto Rodrigues Pinto trabalhador é o sujeito que emprega sua energia pessoal, em proveito próprio ou alheio, visando a um resultado determinado, econômico ou não.

4.2 ESTAGIÁRIO

Conceito e características
É o trabalhador que não tem vínculo empregatício, podendo receber bolsa auxílio, que, portanto, é facultativa, com a finalidade de permitir a cobertura parcial de despesas escolares e de outras decorrentes do estágio.

Pode ainda, o estagiário, receber menos que um salário mínimo, "deve estar estudando", ou seja, não pode ser diplomado. Seu único direito é o Seguro de Vida e Acidentes Pessoais, que é obrigatório, conforme dispõe o art. 4º da Lei 6.494/77. Terá ainda trinta dias de férias e seu contrato não poderá ser superior a 2 anos. O estagiário está regido pela nova Lei 11.788/08.

Segue abaixo jurisprudência que ilustra o assunto:

ESTAGIÁRIA, INEXISTÊNCIA DE VÍNCULO DE EMPREGO. Sem prova de que a estagiária, com contrato regular, executava na empresa, cedente do estágio, as tarefas de praxe de um empregado comum, em jornada normal e com subordinação hierárquica, não há que se falar, por inexistente, em vínculo de emprego. (TRT 7ª Região – RO nº 01148/2002-009-07-00-0 – 1ª Turma – Juiz Relator Francisco Tarcísio Guedes Lima Verde – Publicação DOE – Ceará 29/10/2002).

Temos ainda:

CONTRATO DE ESTÁGIO. VÍNCULO EMPREGATÍCIO. Desvirtuada a finalidade do programa de estágio, decorrente da utilização do trabalho do estagiário de forma dissociada do previsto na Lei n° 6.494/77, e estando presentes os requisitos elencados no art. 3° da CLT, deve ser reconhecido o vínculo empregatício. (TRT 12ª Região – Acórdão do RO 03912-2007-028-12-00-8 – 3ª Turma – Juiz Relator Gilmar Cavalheri – Publicado no TRTSC/DOE em 16-06-2008).

4.3 TRABALHADOR AVULSO

Sérgio Pinto Martins conceitua o trabalhador avulso como sendo a

"pessoa física que presta serviços sem vínculo empregatício, de natureza urbana ou rural, a diversas pessoas, sendo sindicalizado ou não, com intermediação obrigatória do sindicato da categoria profissional ou do órgão gestor de mão-de-obra".

A relação de trabalho do trabalhador avulso não é *intuitu personae*. Ex.: Estivador de porto.

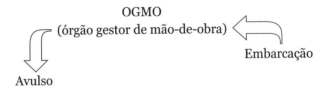

A embarcação entra em contato com o OGMO, que por sua vez "alista" o trabalhador avulso para descarregar o navio.

A embarcação não tem qualquer responsabilidade trabalhista.

O avulso terá todos os direitos de um trabalhador normal, exceto hora extra

O avulso terá 5 anos de prazo para ingressar com ação trabalhista.

O avulso não terá direito a horas extras.

Uma das características essenciais do empregado avulso é a liberdade na prestação de serviços, pois não está subordinado ao sindicato, tampouco com as empresas tomadoras de serviços, sendo que estes, apenas fazem a intermediação da mão-de-obra. Além do mais, se ficar sem movimentar sua conta de FGTS por mais 90 dias, poderá fazer o levantamento do valor lá contido.

Se assim não for, resta configurado o vínculo empregatício, conforme entendimento jurisprudencial a seguir:

VÍNCULO EMPREGATÍCIO – TRABALHADOR AVULSO. INEXISTÊNCIA DE RELAÇÃO DE EMPREGO. Não enseja formação de vínculo empregatício entre o trabalhador avulso e as empresas tomadoras de serviços, nem com a entidade sindical que coordena o atendimento ao pedido de mão-de-obra e o encaminha para a execução de tarefas que lhe são peculiares. No caso em tela, restou provado que o recorrente realizou trabalho esporádico de carga e descarga de mercadorias, através de seu Sindicato, o que lhe valeu a condição de "avulso". (TRT 15ª Região – Acórdão 014594/2002 – Juiz Relator Carlos Alberto Moreira Xavier – Publicado em 22/08/2002).

ANÁLISE CONJUNTA DOS RECURSOS DOS RECLAMADOS. TRABALHADOR AVULSO. VÍNCULO DE EMPREGO COM A ENTIDADE SINDICAL. RESPONSABILIDADE SOLIDÁRIA DO TOMADOR DE SERVIÇO.
1. Comprovados os requisitos da relação de emprego, em especial a pessoalidade, e afastada a transitoriedade da prestação de serviço, resta descaracterizado o trabalho avulso.
2. A existência de expediente fraudulento na contratação avulsa efetuada por intermédio do Sindicato destinada a afastar a incidência da legislação trabalhista, autoriza o reconhecimento do vínculo de emprego com o Sindicato Reclamado e a responsabilidade solidária do tomador de serviço. (TRT 15ª Região – Acórdão 010527/2008 – Desembargador Relator Luiz Antonio Lazarim – Publicado em 29.02.2008)

VÍNCULO DE EMPREGO – TRABALHADOR AVULSO. A característica principal do trabalhador **avulso** é a prestação periódica de serviços a distintos tomadores. O trabalho, por longo período, para um só tomador, por si só, afasta o contrato de **avulso**, para caracterizar vínculo de emprego com o tomador, por aplicação do art. 9º da CLT. (TRT 15ª Região – Acórdão 037391/2001 – Juiz Antonio Miguel Pereira – Publicado em 03.09.2001)

4.4 TRABALHADOR EVENTUAL

É a pessoa física que presta serviços esporádicos a uma ou mais pessoas. Trabalha num evento específico, normalmente em atividade que não coincide com os fins da empresa.

São as principais características do trabalhador eventual as abaixo elencadas:
a) Recebe pelo seu dia de trabalho.
b) Pode ser substituído ou se fazer substituir a qualquer tempo.

Diferencia-se do trabalhador autônomo, vez que este presta serviços com habitualidade ao mesmo tomador de serviços, enquanto o avulso presta serviços ocasionais ao mesmo tomador.

Distingue-se, ainda, o trabalhador eventual do avulso, pois o trabalhador avulso tem todos os direitos previstos na legislação trabalhista, enquanto o eventual só tem direito ao preço avençado no contrato e à multa pelo inadimplemento do pacto, quando for o caso.

4.5 TRABALHADOR TEMPORÁRIO

É a pessoa física contratada por empresa de trabalho temporário, para prestação de serviço destinado a atender à necessidade transitória de substituição de pessoal regular e permanente ou a acréscimo extraordinário de tarefas de outras empresas (Decreto nº. 73.841/74 art. 16).

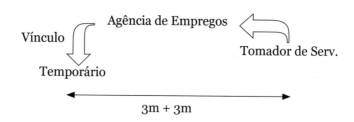

Se o Tomador de Serviços for empresa privada, terá responsabilidade solidária, porém, caso seja ente da Administração Pública, a responsabilidade será subsidiária.

4.6 Trabalhador Autônomo

Conceito e características
De acordo com a alínea *h*, do inciso V, do art. 12 da Lei nº 8.212/91, trabalhador autônomo é a pessoa física que exerce, por conta própria, atividade econômica de natureza urbana, com fins lucrativos ou não.

Tem direito de receber apenas comissões sobre suas vendas; se receber comissão mais um salário fixo (de qualquer valor), será considerado um empregado convencional.

Capítulo 4
DO EMPREGADOR

1. CONCEITO

Segundo preceitua o art. 2º da CLT, empregador é a pessoa física ou jurídica que assume os riscos da atividade econômica.

Assumir os riscos significa que mesmo que a empresa tenha dado prejuízo, deve-se arcar com as despesas salariais.

Empresa com mais de cem empregados deverá preencher de 2% à 5% de seu quadro com Pessoas Portadoras de Deficiência (PPD).

Pessoa Física ou Jurídica, Empresa individual ou coletiva, que assumindo os riscos da atividade econômica, admite, assalaria e dirige a prestação pessoal de serviços. Equiparam-se aos empregadores, para efeitos exclusivos da relação de emprego, "os profissionais liberais", as instituições de beneficiência, as associações recreativas e outras instituições sem fins lucrativos, que admitem trabalhador como empregado.

2. PODERES DO EMPREGADOR – "DIDI"

Segundo Sérgio Pinto Martins, em sua obra *Direito do Trabalho* (23ª ed., 2007)

poderes do empregador compreende o poder de direção, não só o de organizar suas atividades, como também de controlar e disciplinar o trabalho, de acordo com os fins do empreendimento. Sendo assim, temos:

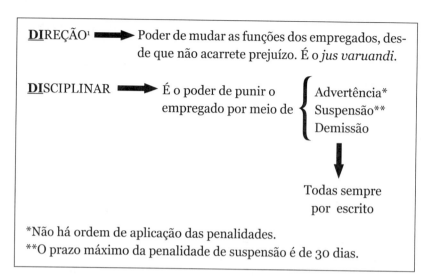

[1]Há ainda a *Parassubordinação/Telessubordinação* que é o poder de direção do empregador à distância, via internet.

Obs: Sucessão de Empresas: a empresa sucessora sempre será responsável pelos débitos trabalhistas (arts. 10 e 448 da CLT).

3. GRUPO DE EMPRESAS

Conforme preceitua o art. 2º, § 2º da CLT, sempre que uma ou mais empresas, tendo, embora, cada uma delas, personalidade jurídica própria, estiverem sob a direção, controle ou administração de outra, constituindo grupo industrial, comercial ou de qualquer outra atividade econômica, serão, para os efeitos da relação de emprego, solidariamente responsáveis a empresa principal e cada uma das subordinadas.

4. TERCEIRIZAÇÃO

Conforme preceitua Sérgio Pinto Martins em sua obra de *Direito do Trabalho* (23ª ed., 2007), consiste a terceirização na possibilidade de contratar terceiro para a realização de atividades que não constituem o objeto principal da empresa. Essa contratação pode envolver tanto a produção de bens, como serviços, como ocorrer na necessidade de contratação de empresa de limpeza, de vigilância ou até para serviços temporários (Súmula 331 do TST).

Sinônimo de horizontalização, esta é restritiva, não se podendo terceirizar o que se quiser, só cabendo em quatro hipóteses:

1º segurança, limpeza e manutenção;

2º fazenda pública; que pode contratar serviços terceirizados para o que quiser:

> **A** dministração pública
> **D** ireta
> **A** utarquias
> **F** undações públicas

Exceto: sociedade de economia mista e empresa pública.

3º temporário; podendo em situação emergencial ou em caso de substituição contratar por período de três meses, prorrogável por igual período.

4º atividade – meio.

A responsabilidade é subsidiária no que tange ao contrato de trabalho, como dispõe a Súmula 331 do TST e OJ 191 da SDI-I do TST.

5. SUCESSÕES DE EMPREGADORES

Vale ressaltar que qualquer alteração na estrutura jurídica da empresa não afetará os direitos adquiridos por seus empregados, como bem dispõe o art. 10 da CLT. Ainda há menção no art. 448 que caso haja mudança na propriedade ou na estrutura jurídica da empresa não afetará os contratos de trabalho dos respectivos empregados.

Em caso de cessão total ou parcial de quotas empresariais, o sócio retirante ainda responderá de forma solidária por até 2 anos da data da averbação de sua saída da sociedade, como expresso no art. 1.003, parágrafo único do Código Civil.

Capítulo 5
DO CONTRATO
DE TRABALHO

1. CONCEITO

Conforme preceitua o art. 442 da CLT, contrato de trabalho é o vínculo existente entre empregado e empregador sob uma relação de emprego sinalagmático (direitos e deveres recíprocos).

Qualquer das partes que descumprir o contrato de trabalho gera justa causa.

2. TEORIAS

Há duas teorias que procuram explicar a natureza jurídica do contrato de trabalho:

1) Teoria Contratualista: o contrato de trabalho só existe se for escrito.

2) Teoria Anticontratualista: o contrato de trabalho só existe se for verbal.

O Brasil adota a teoria mista do contrato de trabalho, ou seja, pode ser tanto escrito como verbal de acordo com o disposto no art. 442 *caput* da CLT.

3. REQUISITOS DO CONTRATO DE TRABALHO

Os requisitos do contrato de trabalho são:

C ontinuidade
O nerosidade
P essoalidade
A lteridade
S ubordinação

Continuidade: Entende-se por este que o trabalho deve ser prestado de forma contínua, ou seja, de forma sucessiva, de duração, e não de modo eventual.

Onerosidade: O contrato de trabalho deverá ser prestado de forma onerosa, e não de forma gratuita, ou seja, o empregado deverá receber salário pelo serviço prestado ao empregador.

Pessoalidade: O contrato de trabalho é *intuito personae*, ou seja, o empregado não pode se fazer substituível por outra pessoa, sob pena de se caracterizar o vínculo com esta última.

Alteridade: A natureza do contrato de trabalho é de atividade e não de resultado. Momento que deve-se entender como quem assume o risco do contrato de trabalho é o empregador, de modo que qualquer eventual prejuízo, este jamais deverá ser suportado pelo empregado.

Subordinação: Por este deve-se entender a relação hierárquica existente entre o empregado e o empregador, onde o obreiro subordina-se as ordens do empregador.

4. CLASSIFICAÇÃO DO CONTRATO DE TRABALHO

O contrato de trabalho pode ser classificado de duas formas, ou seja, por prazo determinado ou por prazo indeterminado. Sendo que o mais convencional, e que é utilizado na maioria das vezes, é o contrato por prazo indeterminado, em razão do próprio princípio da continuidade da relação de emprego.

Já o contrato por prazo determinado pode ser classificado da seguinte maneira:

Direito Material e Processual do Trabalho

> **E** xperiência[1]
> **F** utebol[2]
> **A** rtistas[3]
> **T** emporário[4]
> **O** bra certa[5]
>
>
>
> **+ Aprendiz**
>
> Obs: _É cabível aviso prévio em hipótese de rescisão antecipada do contrato de trabalho em todas as modalidades acima descritas._

[1]_Experiência:_
– Prazo contratual é de 90 dias.
– O prazo só pode ser dividido uma única vez (ex.: 45+45).

[2]_Jogador e Técnico de Futebol:_
– Não tem direito ao "direito de arena" (imagem).
– Prazo mínimo 3 meses.
– Prazo máximo 5 anos; sendo que para técnico é de 2 anos.

[3]_Artistas:_
– Não existe limite de idade.
– Até 16 anos recebe indenização (não é salário, muito menos cachê).
– Acima de 16 anos recebe salário.

[4]_Temporário:_
– Prazo de 3 meses renovável por igual período (3 meses + 3 meses).

[5]_Obra certa:_
– Prazo máximo de 2 anos.

5. FORMA DO CONTRATO DE TRABALHO

O contrato individual de trabalho pode ser acordado das seguintes formas:
– Tácita ou expressa.
– Verbal ou escrito.
– Prazo determinado ou prazo indeterminado.

6. CONTRATO DE TRABALHO A TEMPO PARCIAL

Considera-se contrato de trabalho a tempo parcial aquele cuja jornada não poderá exceder a 25 horas semanais. O salário será proporcional à jornada, não podem prestar hora extra; como bem preceitua o art. 58-A da CLT.

Não se confunde, porém, o contrato de trabalho a tempo parcial com certas categorias que têm jornadas diferenciadas, como ascensoristas (6 horas), médicos (4 horas), etc.

7. ALTERAÇÃO DO CONTRATO DE TRABALHO

Só é lícita a alteração quando por mútuo consentimento, e desde que não resulte, direta ou indiretamente, prejuízos ao empregado, sob pena de nulidade da cláusula infringente desta garantia.

Há, porém, três exceções que se denominam de *jus variandi*, que é a possibilidade do empregador fazer alterações unilaterais no contrato de trabalho sem anuência do empregado; quais sejam:

a) Voltar ao cargo ocupado, deixando o cargo de confiança.

b) Houver substituição eventual ou temporária de cargo diverso.

c) Readaptação em nova função por motivo de deficiência atestada pela Previdência Social.

8. CARTEIRA DE TRABALHO E PREVIDÊNCIA SOCIAL – CTPS

A CTPS é a identidade do trabalhador que é emitida por órgão público. É obrigatória para o exercício de qualquer emprego, inclusive de natureza rural, ainda que em caráter temporário, e para o exercício por conta própria de atividade profissional remunerada (art. 13 da CLT).

Considerações relevantes

Segue abaixo considerações relevantes acerca da CTPS, a saber:

a) O empregado tem vínculo empregatício, e uma das formas de caracterizar o emprego é a anotação em CTPS.

b) As anotações do contrato de trabalho são efetuadas pelo empregador e as anotações para fins previdenciários e acidentes do trabalho pelo INSS.

c) Idade mínima para tirar CTPS é de 14 anos.

d) Qualquer anotação em CTPS é prova relativa *juris tantum*, o que interessa ao Direito do Trabalho é a primazia da realidade, via de regra, as anotações na CTPS servirão de prova para: 1 – nos casos de dissídio na Justiça do Trabalho por motivo de salário, férias ou tempo de serviço; 2 – perante a Previdência Social, para o efeito de declaração de dependentes; 3 – para o cálculo de indenização por acidente do trabalho ou moléstia profissional.

e) Retificação ou anotação em CTPS só pode ser feita pelo empregador ou pela secretaria da Vara do Trabalho.

f) Pode ser feita anotação retroagida, não existe prazo para anotação em CTPS.

g) O empregador deve, em 48 horas, fazer as devidas anotações na CTPS do empregado (data de admissão, remuneração e as condições especiais).

h) É vedado ao empregador efetuar anotações desabonadoras à conduta do empregado.

9. TRANSFERÊNCIA

É a mudança do local em que o trabalho será executado ou exercido, em situações que se exija mudança de residência.

A transferência poderá ser provisória ou definitiva, como se segue:

Transferência Provisória

Considera-se transferência provisória aquela com características de temporariedade. Quando acarretar em mudança de domicílio caberá adicional de 25% somados a despesas de transferência paga

Para Facilitar o Direito

pelo empregador (Súmula 29 do TST). Considera-se provisório o período máximo de dez anos.

O art. 469 da CLT dispõe que é vedado ao empregador transferir o empregado, SEM a sua anuência, para localidade diversa da que resultar o contrato de trabalho, não considerando transferência a que não acarretar necessariamente a mudança de domicílio. Há porém como exceção o disposto no art. 469 CLT – § 1º que dispõe que não estão compreendidos na proibição os empregados que exerçam cargo de confiança e aqueles cujos contratos tenham como condição (transferência), quando esta decorra de real necessidade do serviço.

Insta salientar que o E. TST já se manifestou no que tange à percepção do adicional de transferência para empregados que exerçam cargo de gestão ou para contratos de trabalho que estabeleçam a existência de uma previsão de transferência, desde que a transferência seja provisória conforme Orientação Jurisprudencial nº 113 da SDI – 1.

Sobre a questão, colacionamos os seguintes julgados:

ADICIONAL DE TRANSFERÊNCIA. O adicional de transferência é verba paga para empregados que não têm cargo de confiança ou chefia e são transferidos em caráter provisório para atender à real necessidade de serviço, conforme dispõe o art. 469, § 1º, da CLT. Entretanto, não é devido àqueles cujos contratos tenham como condição implícita ou explícita a transferência. (TRT 12ª Região – Acórdão 7250/2007 – 2ª Turma – Juíza Relatora Marta Maria Villalba Falcão Fabre – Publicado no TRTSC/DOE em 15-01-2008) (sem grifos no original).

ADICIONAL DE TRANSFERÊNCIA. CARGO DE CONFIANÇA OU PREVISÃO CONTRATUAL DE TRANSFERÊNCIA. DEVIDO DESDE QUE A TRANSFERÊNCIA SEJA PROVISÓRIA. O fato de o empregado exercer cargo de confiança ou a existência de previsão de transferência no contrato de trabalho não exclui o direito ao adicional. O pressuposto legal apto a legitimar a percepção do mencionado adicional é a transferência provisória (OJ nº 113 da SBDI-1 do colendo TST). (TRT 12ª Região – 2ª Turma – RO nº 03231-2006-014-12-00-6 – Juíza Ione Ramos – Publicado no TRTSC/DOE em 08-01-2008).

Transferência Definitiva

É aquela em que ocorre mudança de residência do empregado de modo permanente. Neste caso, não há adicional de transferência devido, há somente despesas de transferência que deverão ser pagas pelo empregador (Súmula 29 do TST).

Transferência Lícita

É lícita a transferência quando ocorrer a extinção do estabelecimento em que trabalhar o empregado. Já as remoções ilícitas são aquelas situadas fora das hipóteses autorizadas pela CLT, cabendo Reclamação Trabalhista com pedido de liminar, para se evitar a transferência abusiva (art. 659, IX e X CLT).

Vale mencionar que a Súmula 29 do E. TST também dispõe que ao empregado transferido, por ato unilateral do empregador, para localidade mais distante de sua residência, tem direito a suplemento salarial correspondente ao acréscimo da despesa de transporte.

10. SUSPENSÃO E INTERRUPÇÃO DO CONTRATO DE TRABALHO

A CLT não traz uma definição sobre o tema, porém, a maioria da doutrina esclarece que na suspensão a empresa não deve pagar salários, nem contar o tempo de serviços do empregado que está afastado, enquanto na interrupção é o inverso, há necessidade do pagamento dos salários no afastamento do trabalhador e também conta-se o tempo de serviço.

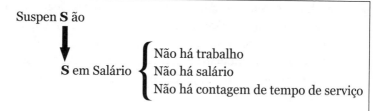

Ex.: Falta injustificada, desconta-se o dia de trabalho = SUSPENSÃO

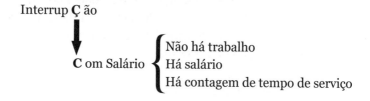

Ex.: Foi ao médico e não foi trabalhar, apresenta atestado, vai ter salário.

Exemplos clássicos:

• Em caso de acidente
Até o 15º dia de afastamento – recebe salário – é a empresa que está pagando.
(portanto é interrupção)
A partir do 16º dia de afastamento – recebe benefício – quem paga é o INSS
(portanto é suspensão)

• Aviso prévio – As 2 horas que o empregado urbano sai mais cedo para procurar novo emprego durante o aviso prévio, assim como a ausência de um dia do empregado rural, configuram-se hipóteses de interrupção do contrato de trabalho, devendo o empregador pagar o salário dessas horas e contar o tempo de serviço.

• Empregado eleito para cargo de diretor – A Súmula 269 do TST dispõe que este empregado terá seu contrato de trabalho suspenso, não se computando o tempo de serviço no exercício desta função para efeitos do contrato de trabalho, salvo se permanecer a subordinação jurídica.

Hipóteses em que o empregado pode faltar sem prejuízo de salário
São as seguintes hipóteses abaixo elencadas em que o empregado mesmo faltando ao trabalho não terá prejuízo de salário:

a) Até 2 dias consecutivos no caso de falecimento de cônjuge, ascendente, descendente, irmão ou dependente econômico.

b) Até 3 dias consecutivos em virtude de casamento.

c) Por 5 dias corridos no caso de nascimento do filho (homem).

d) Por 1 dia a cada 12 meses, no caso de doação voluntária de sangue.

e) Até 2 dias consecutivos ou não, para o fim de alistar-se eleitor, nos termos da lei respectiva.

f) No período em que estiver cumprindo serviço militar.

g) Nos dias em que estiver comprovadamente prestando vestibular.

h) Pelo tempo necessário quando tiver que comparecer em juízo.

Capítulo 6
REMUNERAÇÃO
E SALÁRIO

1. DEFINIÇÃO DE SALÁRIO, REMUNERAÇÃO E GUELTAS

Remuneração é todo pagamento percebido pelo empregado, mesmo que advindo do empregador ou de terceiros, ou seja, salário somado a gorjeta.

Salário é todo pagamento percebido pelo empregado, somente pago pelo empregador, ou seja, horas extras, comissões e adicionais.

Gueltas são prêmios recebidos pelo empregador.

Verbas que não possuem natureza salarial
São verbas que nunca possuem natureza salarial as abaixo elencadas:
a) Indenizações: salvo aviso prévio indenizado.
b) Participação nos lucros.
c) Gastos com viagem, respeitando o limite de até 50% do salário.
d) Auxílio previdenciário.
e) Salário-família.
f) Salário-educação.
g) Direito intelectual.

2. DA REMUNERAÇÃO

Segundo Sérgio Pinto Martins, em sua obra *Direito do Trabalho* (23ª ed., p. 208),

remuneração é o conjunto de prestações recebidas habitualmente pelo empregado pela prestação de serviços, seja em dinheiro ou em utilidades, provenientes do empregador ou de terceiros, mas decorrentes do contrato de trabalho, de modo a satisfazer suas necessidades básicas e de sua família.

A remuneração é composta dos seguintes elementos como mostra o quadro a seguir:

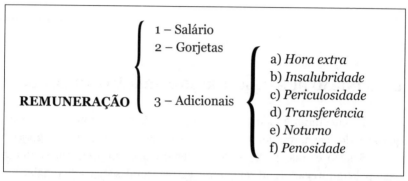

Jamais a REMUNERAÇÃO poderá ser reduzida, e sim, o SALÁRIO, através de acordo ou convenção coletiva. Remuneração são todos os valores recebidos pelo empregado, como preceitua o art. 457 CLT.

Vale ainda ressaltar que *HEBDOMADÁRIO* é o descanso semanal remunerado.

3. DO SALÁRIO

O art. 458 da CLT preceitua que salário são os valores recebidos pelo empregado <u>diretamente</u> do empregador. Qualquer trabalhador tem que receber pelo menos um salário mínimo.

Segue observações relevantes: a) retenção dolosa do salário é crime; b) se o empregado quebra alguma coisa na empresa, culposamente, não pode haver desconto, exceto se houver previsão contratual ou dolo.

4. SALÁRIO COMPLESSIVO

Salário complessivo é a fixação, *a priori*, de uma só quantia para satisfazer diversas verbas trabalhistas, como preceitua a Súmula 91 do TST. *É proibido no Brasil*, vez que gera perda de direitos por parte do empregado.

Não se confunde, porém, o salário complessivo com o "pagamento por fora", onde o empregador paga verbas salariais escondido ao empregado. Exemplo:

SALÁRIO PAGO POR FORA	SALÁRIO COMPLESSIVO
R$ 600,00 discriminados em holerite	R$ 1.200,00 pago de salário
R$ 400,00 pago em mãos – "escondido"	R$ 300,00 a título de dias em que o empregado precisar trabalhar mais tempo (ex.: fim de semana) – não ganhará hora extra ou qualquer tipo de adicional.
R$ 600,00 – Salário total discriminado em folha de pagamento como salário	R$ 1.500,00 – Salário total discriminado em folha de pagamento como salário

5. FORMAS DE SALÁRIO

São formas de pagamento de salário:

a) Por tempo: mês, semana, quinzena, hora.

b) Por produção: calculado com base no número de unidades produzidas pelo empregado.

c) Por tarefa: com base na produção. A economia de tempo traz vantagem ao empregado.

d) Por comissão: geralmente estipulada pelos empregados no comércio, podendo ser por volume de vendas ou percentual.

Vale mencionar que o pagamento de salário deve ocorrer até o 5º dia útil do mês subsequente ao trabalhado; bem como, o salário deve ser pago em moeda corrente do país, inobservado esse requisito, considera-se esse salário como não feito.

6. PAGAMENTO DE SALÁRIO

O salário poderá ser pago das seguintes maneiras:

a) *Dinheiro*: moeda corrente do país (obrigatoriamente desta forma aos analfabetos, mediante recibo com digital).

b) *Depósito em conta bancária*: o banco não pode se recusar em abrir conta salário em razão da pessoa.

c) *Cheque*: mesmo que de outra praça ou de terceiros.

d) *Salário* in natura *ou utilidade:* será abordado em tópico específico. Via de regra, o salário é pago mensalmente, com exceção de: a) comissionários que podem receber até 3 meses após a venda, e, b) empregado rural safrista que só recebe na colheita, podendo esperar até 6 meses para receber.

Não se incluem no salário as ajudas de custo, assim como as diárias para viagem que não excedam de 50% do salário percebido pelo empregado, como preceitua o art. 457, § 2º, CLT.

7. CARACTERÍSTICAS DO SALÁRIO

São características do salário:

a) *Impenhorabilidade*: o salário não é suscetível de penhora; salvo se for para pagamento de prestação alimentícia (art. 649, IV do CPC).

b) *Irredutibilidade:* significa que o salário não poderá ser reduzido – art. 7º, VI da CF. Há, porém, algumas exceções onde poderá haver permissão para a redução de salário: 1 – convenção ou acordo coletivo; 2 – empresa que se encontre comprovadamente em dificuldades; 3 – redução da jornada de trabalho ou dias de trabalho pelo prazo não superior a 3 meses; 4 – redução do salário mensal não pode ser superior a 25% do salário contratual, respeitando o salário mínimo.

c) *Intangibilidade:* é vedado ao empregador efetuar qualquer desconto nos salários dos empregados, salvo quando este resultar de adiantamentos, de dispositivo de lei ou de contrato coletivo.

8. SALÁRIO *IN NATURA* OU UTILIDADE OU INDIRETO

O salário *in natura*, previsto no art. 458, § 1º da CLT, significa que além do pagamento em dinheiro, poderá o empregador promover também pagamento de salário em utilidades, como por exemplo, por meio de alimentação, habitação, vestuário. Trata-se da famosa frase: "Casa, comida e roupa lavada!" Exemplo típico ocorre com os altos executivos que além de seu salário percebido em dinheiro, possuem como complementação deste o pagamento da escola de seus filhos, do clube, viagens, tudo pela empresa.

É de suma importância observar que o salário in natura *só pode ser convencionado no início do Contrato de Trabalho, se posterior, caracteriza-se como benefício.*

Vale ainda mencionar, como bem dispõe a Súmula 367 do TST, que a habitação, a energia elétrica e a utilização, pelo empregado, em atividades particulares de veículo que lhe é fornecido para o trabalho da empresa não caracteriza essa espécie de salário.

9. DESCONTOS PERMITIDOS

Poderá ser descontado do salário atual o percentual de:
1 – 25% para habitação
2 – 20% para alimentação
3 – 25% para vestuário

Para o empregado rural essa porcentagem se altera, e só poderá incidir sobre o salário mínimo:
1 – 20% para habitação
2 – 25% para alimentação
3 – 25% para vestuário
A porcentagem de três salários juntos não pode exceder a 75% do salário contratual.

10. NÃO-CARACTERIZAÇÃO DE SALÁRIO *IN NATURA*

Não é considerado salário *in natura*:
1 – Equipamentos
2 – Educação
3 – Seguros de Vida ou Acidentes
4 – Plano de previdência
5 – Cigarros ou bebidas
6 – Assistências médica ou odontológica
7 – Vale-transporte.

11. CONSIDERAÇÕES FINAIS

Com relação ao tema, insta salientar duas considerações de suma relevância:
1 – Empregado que mora na residência da empresa, e, depois de

despedido não quer desocupar a residência, sob a alegação da casa ser sua, cabe à empresa ingressar com ação perante à Justiça do Trabalho.

2 – Qualquer controvérsia trabalhista será de competência da Vara do Trabalho, exceto se houver contrato de locação, neste caso, a vara competente é a Vara Cível.

12. JURISPRUDÊNCIAS

Seguem abaixo algumas jurisprudências relevantes acerca do tema:

SALÁRIO *IN NATURA*. Segundo o art. 458 da CLT, compreendem-se no salário, para todos os efeitos legais, além do pagamento em dinheiro, a alimentação, habitação, vestuário ou outras prestações *in natura* que a empresa, por força do contrato ou costume, fornecer habitualmente ao empregado. (TRT 12ª Região – 2ª Turma – RO 00422.2007.032.12.00.9 – Juiz Edson Mendes De Oliveira – Publicado no TRTSC/DOE em 02-05-2008).

SALÁRIO *IN NATURA*. NÃO-CARACTERIZAÇÃO. A teor do entendimento expresso no inc. I da Súmula nº 367 do TST, o fornecimento de veículo pelo empregador ao empregado, quando indispensável para a realização do trabalho, não tem natureza salarial, ainda que utilizado pelo empregado também em atividades particulares. (TRT 12ª Região – 1ª Turma – Acórdão 8087/2007 – Juiz Marcos Vinicio Zanchetta – Publicado no TRTSC/DOE em 26-11-2007).

MORADIA FORNECIDA PELO EMPREGADOR. BENEFÍCIO PARA O TRABALHO. SALÁRIO *IN NATURA* NÃO-CONFIGURADO. O fornecimento de moradia para o desenvolvimento das atividades, já que rurais, o que demandava a residência na própria propriedade, afasta a incidência salarial do benefício, por não constituir-se parcela *in natura*. (TRT 12ª Região – 3ª Turma – RO 01201.2007.009.12.00.0 – Juíza Teresa Regina Cotosky – Publicado no TRTSC/DOE em 06-06-2008)

Direito Material e Processual do Trabalho

13. EQUIPARAÇÃO SALARIAL

A Equiparação Salarial está prevista no art. 461 da CLT que estabelece: "Sendo idêntica a função, a todo o trabalho de igual valor, prestado ao mesmo empregador, na mesma localidade, corresponderá igual salário, sem distinção de sexo, nacionalidade ou idade".

Trabalho de igual valor será o que for feito com igual produtividade e com a mesma perfeição técnica, entre pessoas, cuja diferença de tempo no serviço na função (e não no emprego), não seja superior a 2 anos.

A Súmula nº 6 do TST nos traz algumas informações de cunho relevante no que tange à equiparação salarial:

1 – A contagem do tempo de serviço é feita na função e não no emprego. A equiparação salarial só é possível se o empregado e o paradigma exercerem a mesma função, desempenhando as mesmas tarefas, não importando se os cargos têm, ou não, a mesma denominação.

2 – O ônus da prova do trabalho de igual valor é do empregador.

3 – O conceito de mesma localidade refere-se, em princípio, ao mesmo município, ou a municípios distintos que, comprovadamente, pertençam à mesma região metropolitana.

A fim de corroborar o entendimento acima esposado, recolhemos os seguintes julgados:

"**EQUIPARAÇÃO SALARIAL.** Presentes os elementos constitutivos do direito à equiparação salarial insertos no art. 461 da CLT e não tendo o empregador comprovado a existência de fatos impeditivos, modificativos ou extintivos do direito do autor, faz jus o empregado ao pagamento das diferenças salariais decorrentes da equiparação. (TRT 2ª Região – 3ª Turma – RO 01654.2006.053.12.00.4 – Juiz Relator Roberto Basilone Leite – Publicado no TRTSC/DOE em 20-06-2008)."

"**EQUIPARAÇÃO SALARIAL. IDENTIDADE DE FUNÇÕES NÃO-COMPROVADA.** Estabelece o art. 461 da CLT que o requisito essencial para reconhecimento da equiparação salarial é a identidade de funções entre os empregados. Não

Para Facilitar o Direito

restando comprovada prestação de serviços com a mesma produtividade e perfeição técnica, não há falar em reconhecimento do direito à equiparação salarial prevista no supramencionado dispositivo de lei. (TRT 12ª Região – 3ª Turma – RO 03775.2006.003.12.00.4 – Juíza Relatora Mari Eleda Migliorini – Publicado no TRTSC/DOE em 20-06-2008)."

"**EQUIPARAÇÃO SALARIAL. TEMPO DE SERVIÇO.** A equiparação salarial pressupõe não só a identidade de funções, mas também diferença de tempo não superior a dois anos, nos termos do que dispõe o art. 461 da CLT. (TRT 2ª Região – 1ª Turma – RO 02008.2007.054.12.00.1 – Juiz Relator Roberto Basilone Leite – Publicado no TRTSC/DOE em 16-06-2008)."

A equiparação salarial, no entanto, será indevida quando o empregador adotar quadro de carreira, em que as promoções devem ser feitas por antiguidade e merecimento (§§ 2º e 3º do art. 461 da CLT). O Egrégio TRT da 12ª Região assim já se manifestou:

EQUIPARAÇÃO SALARIAL. EMPRESA ORGANIZADA EM QUADRO DE CARREIRA. IMPOSSIBILIDADE. Estando a empresa organizada através de quadro de carreira, afastada está a possibilidade de equiparação salarial, pois neste caso as promoções se darão obedecendo aos critérios de antiguidade e merecimento (§ 2º do art. 461 da CLT). (TRT 12ª Região – Acórdão 8497/2007 – 3ª Turma – Juíza Relatora Maria Aparecida Caitano – Publicado no TRTSC/DOE em 09-11-2007).

A Súmula nº 6 do TST faz menção de que o quadro de carreira deve ser homologado pelo Ministério do Trabalho, excluindo-se dessa exigência, as entidades de Direito Público.

Pelo art. 461, § 4º da CLT, o paradigma que se encontrar em regime de readaptação em nova função por motivo de deficiência física ou mental declarada pela Previdência Social não fará *jus* à equiparação salarial.

Direito Material e Processual do Trabalho

14. EQUIVALÊNCIA SALARIAL

É a forma de arbitrar o salário do empregado, se não há prova de seu valor ou se não foi estipulado; diferindo-se da equiparação salarial prevista no art. 461 da CLT. O salário será pago em razão do serviço equivalente ou do que for habitualmente pago por serviço semelhante. No entanto, o salário mínimo deverá ser sempre garantido.

Segue abaixo jurisprudência pertinente ao tema:

Fixação de salário. Art. 460 da CLT. O art. 460 da CLT não trata de equiparação salarial, que é prevista no art. 461 da mesma norma, mas de uma forma de arbitrar o salário do empregado, se não há prova do seu valor ou se não foi estipulado. Para a caracterização da equivalência salarial é mister que não haja sido estipulado salário, nem exista prova sobre a importância ajustada, ocasião em que o salário deva ser pago em razão do serviço equivalente, ou do que for habitualmente pago por serviço semelhante. Não se pode entender que o art. 460 da CLT deva ser aplicado pelo fato de dois empregados perceberem salários diferentes, se a pessoa exerce a mesma função, embora não esteja registrada como tal. Nesse caso, o operário teve fixado o seu salário quando do início de seu trabalho, estando desobrigado o empregador de lhe pagar salário superior. A empresa não tinha obrigação legal ou convencional de pagar salário diferente à autora ou com base no salário dos gerentes, como indicado na inicial, pois seu salário foi fixado quando do início do pacto laboral. (TRT 2ª Região – Acórdão 19990500951 – 3ª Turma – Juiz Relator Sérgio Pinto Martins – Publicado no DOE/SP em 05/10/1999).

15. GORJETAS

Considera-se gorjeta não somente a importância dada pelo cliente ao empregado, mas também, aquela cobrada pela empresa ao cliente, como adicional nas contas a qualquer título, e destinada à distribuição aos empregados, como dispõe o art. 457, § 3º da CLT. Estas integram a remuneração.

As gorjetas diferem da gratificação, pois a primeira é sempre paga pelo cliente, enquanto a segunda é paga pelo empregador. Exemplo de gorjeta: 10% pagos em restaurantes, equivalente ao serviço do garçom. Vale ressaltar jurisprudência acerca do tema:

> **GORJETAS ESPONTANEAMENTE OFERECIDAS PELOS CLIENTES. INTEGRAÇÃO À REMUNERAÇÃO.** De acordo com o art. 457 da CLT e a Súmula n. 354 do TST, as gorjetas espontaneamente oferecidas pelos clientes se integram à remuneração, exceto para gerar reflexos sobre o aviso prévio, o adicional noturno, as horas extras e o repouso semanal remunerado. No entanto, para que elas tenham aptidão para repercutir sobre outras verbas, é imprescindível que o empregador tenha ciência do montante arrecadado a esse título. Não há como serem contabilizadas as gorjetas que o empregado recebe diretamente do cliente e as retém para si. (TRT 12ª Região – Acórdão 3751/2007 – 2ª Turma – Juíza Sandra Márcia Wambier – Publicado no TRTSC/DOE em 23-10-2007).

16. GRATIFICAÇÕES

As gratificações são pagamentos de valores realizados por liberalidade do empregador, como uma forma de agradecimento ou de reconhecimento por parte do empregador em razão de serviços prestados, conforme dispõe o art. 457, § 1º. As gratificações integram o salário.

17. COMISSÕES

São percentuais recebidos pelo empregado após uma venda. De acordo com o art. 457 § 1º da CLT, as comissões integram o salário, nesse sentido temos a seguinte jurisprudência:

Direito Material e Processual do Trabalho

COMISSÕES. PAGAMENTO EXTRAFOLHA. INTE-GRAÇÃO AO SALÁRIO. Comprovado o pagamento habitual de valores ao empregado por meio de créditos em cartões (Flex card, Sim Club e Hippo Supermercado) com vistas a remunerar o maior número de vendas por ele realizadas, devem tais importâncias, pagas a título de comissão, serem integradas ao salário. (TRT 12ª Região – Acórdão 7366/2007 – Juíza Gisele P. Alexandrino – Publicado no TRTSC/DOE em 03-10-2007).

A empresa pode estornar o valor pago como comissão, desde que o cliente não pague (art. 7º da Lei 3.207/57), Ex.: Locação / venda de imóvel.

O pagamento de comissões e percentagens só é exigível depois de ultimada (concluído o negócio/fechado a venda) a transação a que se refere, conforme art. 466 CLT; contudo, considera-se aceita a transação se o empregador não a recusar por escrito, dentro do prazo de 10 dias, contados da data da proposta. Entretanto, se a transação é feita com outro comerciante estabelecido em outro Estado ou no estrangeiro, o prazo para aceitação ou recusa da proposta de venda será de 90 dias, podendo, ainda, ser prorrogado, por tempo determinado, mediante comunicação escrita feita ao empregado. Segue jurisprudência acerca do tema:

COMISSÃO. TRANSAÇÃO ULTIMADA. AUSÊNCIA DE RECUSA. DIREITO AO PAGAMENTO. INADIM-PLEMENTO DO COMPRADOR. LEI N. 3.207/57. Não apresentando o empregador recusa expressa no prazo de 10 dias, à negociação entabulada pelo vendedor, passa a responder pelo pagamento das comissões, independentemente, no sucesso final da negociação, conforme estabelece o art. 3º da Lei 3.207/57. (TRT 12ª Região – Acórdão 10951/2007 Juiz Marcus Pina Mugnaini – Publicado no TRTSC/DOE em 05-12-2007).

Percebendo o empregado apenas comissões, não tendo salário fixo, o empregador deve assegurar ao obreiro pelo menos um salário mínimo no mês em que as comissões não atingirem essa importância.

79

18. GUELTAS

Gueltas são os pagamentos efetuados por terceiro ao obreiro de uma empresa, visando motivar a venda de seus produtos. Por ser um pagamento feito por terceiro, não se trata de salário, mas sim uma espécie de prêmio de incentivo ou de gratificação paga.

19. ADICIONAIS

São os valores que o empregado recebe sempre que trabalha em uma condição mais difícil do que o usual.

Hora extra
O adicional de horas extras é devido pelo labor extraordinário à razão de pelo menos 50% sobre a hora normal, como dispõe o art. 7º, inciso XVI da Carta Magna. O máximo de horas extras permitida é de 2 horas diárias (art. 61 da CLT); porém, há exceções, devido a necessidades imperiosas, podendo chegar ao máximo de 4 horas diárias. São casos de necessidades imperiosas, conforme art. 61, § 3º, da CLT:

1) *Força maior*: são aqueles inerentes aos fenômenos da natureza (no Direito Administrativo entende-se como caso fortuito).

2) *Serviços inadiáveis*: são aqueles que não podem ser terminados na própria jornada de trabalho (Ex. Operação médica).

3) *Greve abusiva:* (desde que assim declarada pelo TRT) que serve para recuperar o tempo perdido.

Poderá haver **supressão de hora extra** pelo empregador, do serviço suplementar prestado com habitualidade, durante pelo menos um ano, assegurado ao empregado o direito à indenização correspondente ao valor de um mês das horas suprimidas para cada ano ou fração igual ou superior a seis meses de prestação de serviço acima da jornada normal. O cálculo observará a média das horas suplementares efetivamente trabalhadas nos últimos 12 meses, multiplicada pelo valor da hora extra do dia da supressão.

Insalubridade
É devido ao empregado que presta serviços em ambiente insalubre prejudicial à sua saúde. É aquilo que "MATA AOS POUCOS". É composto

Direito Material e Processual do Trabalho

por agente nocivo externo, como por exemplo, barulho, que prejudica o empregado durante certo período.

O art. 192 da CLT assegura a percepção de adicional respectivamente de 10%, 20% ou 40% sobre o Salário Mínimo. A porcentagem do adicional será determinada através de perícia a ser realizada por Perito de Segurança e Medicina do Trabalho devidamente habilitado nomeado pelo juiz conforme art. 195, § 2º, da CLT.

A insalubridade poderá ser elidida pelo fornecimento e utilização dos Equipamentos de Proteção Individual, cuja obrigatoriedade da entrega fica à cargo da empresa conforme dispõe o art. 166 da CLT.

No que tange à eliminação da insalubridade pelo fornecimento do Equipamento de Proteção Individual, existem duas correntes, ou seja, pela Súmula 80 do TST tem-se que se fornecido aparelhos protetores aprovados pelo órgão competente do Poder Executivo, exclui a percepção do respectivo adicional; porém pela Súmula 289, salienta-se que o simples fornecimento de aparelho de proteção não exime o empregador do adicional de insalubridade.

Em consonância com as Súmulas supracitadas apresentamos os julgados abaixo:

LAUDO PERICIAL DESCONSIDERADO. INSALU-BRIDADE NEUTRALIZADA. FORNECIMENTO DE EPI'S ADEQUADOS. O empregado confessou que recebia todos os EPIs adequados à neutralização da insalubridade detectada pelo laudo pericial, os quais eram substituídos quando estivessem velhos. A confissão se sobrepõe às conclusões do *expert*, afastando o direito à percepção do adicional de insalubridade. (TRT 2ª Região – 4ª Turma – Acórdão 20080105151 – Juiz Carlos Roberto Husek – Publicado no DOE/SP em 29.02.2008).

ADICIONAL DE INSALUBRIDADE. FORNECIMEN-TO DE EPI. Demonstrado o fornecimento e o uso de equipamentos de proteção neutralizantes do agente insalubre, indevido é o adicional de insalubridade. (TRT 12ª Região –

Acórdão 00402/2007 – 2ª Turma – Juiz Geraldo José Balbinot – Publicado no TRTSC/DOE em 03-09-2007).

ADICIONAL DE INSALUBRIDADE. EFEITOS. Estudos científicos têm demonstrado que o fornecimento de protetores auriculares não elidem os efeitos nocivos da insalubridade na saúde do trabalhador. Parte-se da premissa equivocada de que o tamponamento auditivo pelo uso do EPI serve como meio protetivo eficaz para neutralizar a insalubridade ou de que a redução dos seus efeitos afastam qualquer prejuízo à higidez física e mental do trabalhador. A transmissão do ruído se dá via óssea pelas vibrações mecânicas verificadas, que dada a sua constância vão causando lesões auditivas que a longo prazo podem levar à surdez parcial ou total, sem olvidar-se que a repetição do movimento vibratório pode trazer sério comprometimento sobre todo o sistema nervoso do trabalhador. A gravidade da situação é evidente, o que torna imprescindível aprofundar a discussão sobre o assunto, deixando de lado soluções simplistas que não levam em consideração as pesquisas científicas que tratam dos efeitos da insalubridade no organismo humano. (TRT 2ª Região – 6ª Turma – Acórdão 20070818104 – Juiz Valdir Florindo – Publicado no DOE/SP em 05.10.2007) (g.n).

ADICIONAL DE INSALUBRIDADE. AGENTES QUÍMICOS. FORNECIMENTO DE EQUIPAMENTOS DE PROTEÇÃO INDIVIDUAL. INSUFICIÊNCIA. Demonstrados o contato permanente e habitual com agentes químicos presentes na NR-15, Anexo XIII, da Portaria n. 3.214/78, e o fornecimento de EPI's. Contudo, equipamentos estes inaptos a elidir a nocividade e a contaminação. A atenuação da nocividade, por si só, não acarreta a sua cessação, com o que o empregador não se exime do pagamento do adicional. Recurso a que se nega provimento. (TRT 2ª Região – 9ª Turma – Acórdão 20070795309 – Juiz Davi Furtado Meirelles – Publicado no DOE/SP em 05.10.2007) (g.n).

Sobre a base de cálculo do adicional de insalubridade, há divergência, vez que o art. 192 da CLT dispõe que será calculado sobre o salário mínimo da região, contudo, o art. 7º, inciso IV da CF, veda totalmente a vinculação do salário mínimo para qualquer fim. Assim, para fins de exame de ordem, transcrevemos alguns julgados que trazem divergência:

> **ADICIONAL DE INSALUBRIDADE. BASE DE CÁLCULO. SALÁRIO MÍNIMO.** Nos termos do art. 192 da CLT a base de cálculo do adicional de insalubridade é o salário mínimo, não configurando violação aos incisos IV e XXIII do art. 7º da Carta Magna sua utilização para o cálculo do adicional em questão. (Súmulas nº 228 e 333, e OJ-2 da SBDI-1 do C. TST e Súmula 307 do STF). (TRT 2ª Região – RECURSO ORDINÁRIO EM RITO SUMARÍSSIMO; DATA DE JULGAMENTO: 30/03/2006; RELATORA: SONIA MARIA PRINCE FRANZINI; ACÓRDÃO Nº: 20060216527; PROCESSO Nº: 01011-2005-072-02-00-2 – TURMA: 12ª; DATA DE PUBLICAÇÃO: 18/04/2006).

O saudoso VALENTIN CARRION, acerca do tema, assim se pronunciou:

> "O adicional é devido de acordo com o grau de insalubridade (máximo, médio ou mínimo), e consiste em um percentual variável (40, 20 e 10%, respectivamente) sobre o **salário mínimo**". – sem grifo no original (*Comentários a Consolidação das Leis do Trabalho*, 30º edição, Ed. Saraiva, 2005, p. 182).

No entanto, o STF entendeu que é vedada a vinculação do adicional de insalubridade ao salário mínimo:

> "**Adicional de insalubridade:** vinculação ao salário mínimo, estabelecida pelas instâncias, que contraria o disposto no art. 7º, IV, da Constituição". (Ac. Da 1ª Turma do STF RE 236.396-5 MG, j. 2.11.98, Rel. Min. Sepúlveda Pertence,

DJU 1, 20.11.98, p. 24, in Ltr 62-12/1621).

Não bastando a divergência acima, a Súmula 17 do Egrégio TST prevê que "o adicional de insalubridade devido a empregado que percebe, por força de lei, convenção ou sentença normativa, salário profissional, será sobre este calculado".

Neste sentido, colhe-se o seguinte julgado:

ADICIONAL DE INSALUBRIDADE. BASE DE CÁLCULO. SALÁRIO FIXADO EM CCT. O trabalho em condições insalubres gera ao empregado o direito à percepção de um adicional calculado sobre o salário mínimo (CLT, art. 192). Entretanto, algumas categorias profissionais, por força de lei, convenção coletiva de trabalho ou sentença normativa, têm o piso salarial fixado em patamar superior. Dispondo o empregado de salário normativo definido em algumas dessas modalidades, o adicional de insalubridade incide sobre este e não sobre o salário mínimo (TST, Súmulas nos. 17 e 228). (TRT 12ª Região – Acórdão 8144/2007 – 2ª Turma – Juíza Sandra Márcia Wambier – Publicado no TRTSC/DOE em 26-11-2007).

Periculosidade

O adicional de periculosidade é devido ao empregado que presta serviços em contato **permanente** com elementos inflamáveis ou explosivos, conforme art. 193 da CLT. É aquilo que "MATA DE UMA VEZ". Exemplo: Explosivos, inflamáveis e radiação.

Neste sentido, colhemos alguns entendimentos para elucidá-los quanto ao tema:

PARA QUE O EMPREGADO TENHA DIREITO AO ADICIONAL DE PERICULOSIDADE, NÃO HÁ NECESSIDADE QUE O RISCO OCORRA DURANTE TODA JORNADA, BASTANDO QUE TAL RISCO EXISTA EM ALGUM MOMENTO DA ATIVIDADE LABORAL. Apurada em laudo pericial as atividades em condições de periculosidade, mesmo que o empregado não esteja em contato com as referidas condições durante todo o período da jornada, mas apenas em percentual desse período, devido o adicional pela intermitência e permanência das condições, uma vez que o risco pode acontecer em qualquer momento. (TRT 2ª Região – 4ª Turma – Acórdão 20080079789 – Juiz Relator Carlos Roberto Husek – Publicado no DOE/SP em 22.02.2008).

Súmula Nº 364 do TST
Adicional de periculosidade. Exposição eventual, permanente e intermitente.

I – Faz jus ao adicional de periculosidade o empregado exposto permanentemente ou que, de forma intermitente, sujeita-se a condições de risco. Indevido, apenas, <u>quando o contato dá-se de forma eventual, assim considerado o fortuito, ou o que, sendo habitual, dá-se por tempo extremamente reduzido (o grifo não é do original).</u>

"**ADICIONAL DE PERICULOSIDADE. MOTORISTA DE ÔNIBUS. EXPOSIÇÃO EVENTUAL. JURISPRUDÊNCIA DOMINANTE DO TST. 1.** Na hipótese, a decisão turmária considerou que o motorista de ônibus que permanece no veículo durante o abastecimento expõe-se apenas de forma eventual ao risco, razão pela qual excluiu o adicional de periculosidade da condenação, com fulcro na Súmula nº 39 do TST e na Orientação Jurisprudencial nº 5 da SBDI-1. 2. **A teor da jurisprudência dominante do TST, o contato eventual com o agente perigoso não dá direito ao empregado a perceber o adicional respectivo.**" (TST – DECISÃO: 21 10 2002 – PROC: ERR 635192/ANO: 2000 – REGIÃO: 04 – EMBARGOS EM RECURSO DE REVISTA – TURMA: D1 – ÓRGÃO JULGADOR – SUBSEÇÃO I ESPECIALIZADA EM DISSÍDIOS INDIVIDUAIS – *FONTE* DJ DATA: 13-12-2002 – *RELATOR* JUIZ CONVOCADO GEORGENOR DE SOUSA FRANCO FILHO).

Adicional de 30% sobre o salário do empregado também é cabível para os eletricitários (Net, Speedy, Telefônica também tem direito).

O funcionário que trabalha em local insalubre e periculoso recebe apenas adicional por um só, sendo facultado ao empregado, no momento da propositura da ação, pleitear os dois adicionais, quando não souber ao certo qual é devido. Nesse sentido temos a seguinte jurisprudência:

ADICIONAL DE INSALUBRIDADE E/OU PERICULOSIDADE. OPÇÃO/TRÂNSITO EM JULGADO. É bastante plausível admitir-se que o empregado quando vai requerer em Juízo, não tenha ainda certeza de que seu trabalho é perigoso e/ou insalubre, por isto mesmo não há vedação legal para que se postule pelo pagamento de ambos os adicionais. A constatação pericial da existência de trabalho perigoso e insalubre em concomitância, em face da proibição da cumulatividade, obriga o empregado a fazer a opção por um desses adicionais após o trânsito em julgado da decisão, pois nesta fase processual é que se materializa efetivamente o direito do trabalhador. (TRT 2ª Região – 6ª Turma – Acórdão 20080072385 – Juiz Relator Valdir Florindo – Publicado no DOE/SP em 22.02.2008).

O adicional de periculosidade incide apenas sobre o salário básico do empregado, e não sobre tal salário acrescido de outros adicionais conforme prevê a Súmula 191 do Egrégio TST.

ADICIONAL DE PERICULOSIDADE. INCIDÊNCIA. Nos termos do § 1º do art. 193 da CLT, o adicional de periculosidade incide sobre o salário sem os acréscimos resultantes de gratificações, prêmios ou participações nos lucros da empresa. No mesmo sentido é o entendimento consubstanciado na Súmula n. 191 do TST.(TRT 12ª Região – 2ª Turma – Ac 8367/2007 – Juiz Irno Ilmar Resener – Publicado no TRTSC/DOE em 30-11-2007, – sem grifos no original).

Direito Material e Processual do Trabalho

RECURSO ORDINÁRIO. TELESP. I – ADICIONAL DE PERICULOSIDADE. BASE DE INCIDÊNCIA. O adicional de periculosidade é calculado em valor equivalente a 30% incidentes sobre o salário sem os acréscimos resultantes de gratificações, prêmios ou participação nos lucros da empresa. Art. 193, § 1º, da CLT. Incide apenas sobre o salário básico. Súmula 191. II – INSALUBRIDADE OU PERICULOSIDADE (ADICIONAL) – ADICIONAL DE PERICULOSIDADE. NATUREZA JURÍDICA. Constitui sobre-salário, parcela suplementar do salário contratual e é devido apenas enquanto perdurar a situação fática que enseja o pagamento (A. Sussekind). Quando pago com habitualidade deve ser computado na remuneração que serve de base ao cálculo das demais verbas (aviso prévio, gratificações natalinas, férias), exceto repousos semanais remunerados. (TRT/SP – 02960213801 – Ac. 6ª T. 02970341730). (TRT 2ª Região – 11ª Turma – Acórdão 20070586335 – Juiz Relator Carlos Francisco Bernardo – Publicado no DOE/SP em 07.08.2007).

Caso atípico, porém, é o do policial, pois esse não tem direito à periculosidade, mas recebe gratificação de 30%, pois há previsão em legislação própria e especial.

20. TRANSFERÊNCIA

É devido ao empregado quando a transferência for provisória para outro local e incorrer na mudança de domicílio. Adicional de 25% que perdurará enquanto existi-la (art. 469, § 3º da CLT).

Não é devido em caso de transferência definitiva e também não se incorpora ao salário.

ADICIONAL DE TRANSFERÊNCIA. CESSAÇÃO DA NATUREZA PROVISÓRIA DA TRANSFERÊNCIA. SUPRESSÃO DO PAGAMENTO DO ADICIONAL. LEGALIDADE. Tornando-se a transferência definitiva, porque fixada residência no último local para onde transferido o autor, conforme admite em depoimento pessoal, correta a supressão do adicional de transferência, que não se incorpora ao patrimônio do empregado, nem mesmo quando pago a longo prazo, senão apenas enquanto presente seu fato gerador: a transferência provisória do empregado. (TRT 12ª Região – Acórdão 5373/2007 – 3ª Turma – Juiz Gerson P. Taboada Conrado – Publicado no TRTSC/DOE em 30-11-2007).

ADICIONAL DE TRANSFERÊNCIA. INDEFERI-MENTO. AUSÊNCIA DO PRESSUPOSTO BÁSICO DA TRANSITORIEDADE. Quando a transferência ocorre em caráter definitivo, não cabe o pagamento do adicional fixado no § 3º do art. 469 da CLT, tendo em vista que este dispositivo legal tem como pressuposto básico o atendimento de situações provisórias e transitórias em função da necessidade de serviço. Essa interpretação nasce do teor do mencionado Texto Legal que, ao tratar do direito ao adicional enquanto perdurar a transferência, expõe a ideia de transitoriedade. (TRT 12ª Região – RO – 03595.2007.022.12.00.1 – 3ª Turma – Juíza Lília Leonor Abreu – Publicado no TRTSC/DOE em 26-06-2008).

Os empregados que exercem cargo de confiança ou chefia, não fazem jus ao adicional de transferência. Contudo, segue dois entendimentos nesse sentido:

ADICIONAL DE TRANSFERÊNCIA. O adicional de transferência é verba paga para empregados que não têm cargo de confiança ou chefia e são transferidos em caráter provisório para atender à real necessidade de serviço, conforme dispõe o art. 469, § 1º, da CLT. Entretanto, não é devido àqueles cujos contratos tenham como condição implícita ou explícita a transferência. (TRT 12ª Região – Acórdão 7250/2007 – 2ª Turma – Juíza Marta Maria Villalba Falcão Fabre – Publicado no TRTSC/DOE em 15-01-2008).

Direito Material e Processual do Trabalho

ADICIONAL DE TRANSFERÊNCIA. CARGO DE CONFIANÇA OU PREVISÃO CONTRATUAL DE TRANSFERÊNCIA. DEVIDO DESDE QUE A TRANSFERÊNCIA SEJA PROVISÓRIA. O fato de o empregado exercer cargo de confiança ou a existência de previsão de transferência no contrato de trabalho não exclui o direito ao adicional. O pressuposto legal apto a legitimar a percepção do mencionado adicional é a transferência provisória (OJ nº 113 da SBDI-1 do colendo TST). (TRT 12ª Região – RO 3231.2006.014.12.00.6 – Juíza Ione Ramos – Publicado no TRTSC/DOE em 08-01-2008).

21. ADICIONAL NOTURNO

Adicional noturno é aquele devido ao empregado urbano quando exerce sua atividade laborativa no período compreendido entre 22 e 5 horas, sendo devido 20% a mais sobre a remuneração. Para o trabalhador agrícola o período é compreendido entre 21 e 5 horas, enquanto o pecuário é entre 20 e 4 horas, tendo ambos direito a 25%. Vale ressaltar que o adicional noturno do advogado é de 25%, sendo o período compreendido entre 20 e 5 horas (art. 20, § 3º da Lei nº. 8.906/94). Sintetizando:

	TRABALHADOR URBANO	TRABALHADOR RURAL	
		AGRÍCOLA	PECUÁRIO
ADICIONAL	20%	25%	25%
PERÍODO	22 às 5 horas	21 às 5 horas	20 às 4 horas

22. PENOSIDADE

São aquelas situações que exigem grandes esforços. Sua previsão legal encontra-se no art. 7º, XXIII da Carta Magna, porém, não há regulamentação legal acerca do assunto; trata-se de uma norma de eficácia contida. Exemplo: mulheres que quebram pedras no Nordeste.

Através da doutrina dominante, será devido para situações de grandes esforços, desde que esteja previsto em acordo ou convenção coletiva. Ex.: professor de escola pública localizada na favela Pantanal.

23. GRATIFICAÇÃO NATALINA OU 13º SALÁRIO

A denominação correta deste instituto é gratificação de Natal, mas na prática é utilizada a expressão de 13º salário.

Disciplinada na Lei nº 4.090/62, que instituiu a gratificação de Natal, como considerações mais relevantes destacam-se as seguintes:

a) É direito dos trabalhadores urbanos e rurais, tendo como base o 13º salário, na remuneração integral, ou no valor da aposentadoria ou pensão.

b) O pagamento será feito em duas parcelas, a primeira paga até 30/11 e a segunda para até 20/12, compensando-se o valor adiantado sem nenhuma correção monetária.

O não pagamento do 13º salário nas épocas próprias sujeita o empregador à multa administrativa de 160 BTN's, por trabalhador prejudicado, conforme disposto no art. 3º, I, da Lei nº. 7.855/89.

Capítulo 7
JORNADA
DE TRABALHO

1. CONCEITO E CONSIDERAÇÕES

É o tempo que o empregado fica à disposição do empregador para o trabalho, conforme preceitua o art. 58 da CLT.

A jornada de trabalho, salvo previsão em convenções coletivas, é de 8 horas diárias, perfazendo um total de 44 horas semanais. Com relação ao descanso semanal remunerado (DSR), também conhecido pela doutrina de "salário hebdomadário", deverá ser concedido aos domingos, com duração mínima de 24 horas.

Insta salientar que é ônus do empregador, que conta com mais de dez empregados, o registro da jornada de trabalho, conforme preceito do art. 74, § 2º. da CLT.

Regime de Tempo Parcial de Serviço
É aquele trabalho considerado a tempo parcial, ou seja, aquela cuja duração não exceda de 25 horas semanais, ou 5 horas por dia, conforme art. 58-a da CLT. Por esta modalidade o trabalho pode ser realizado em menos de 25 horas na semana.

Importante mencionar que por este regime, não pode haver realização de hora extra. Como exemplo, podemos citar o *Personal Traineer*.

2. CLASSIFICAÇÃO DA JORNADA DE TRABALHO

A jornada de trabalho pode ser dividida em duas etapas quanto a sua duração a saber:

1) *Normal:* que ocorre quando o empregado não exceder os limites legais; e

2) *Extraordinária:* que ocorre sempre que o empregado exceder os limites de horário legais, ou previstos em convenção coletiva.

3. INTERVALOS INTRAJORNADA

São aqueles intervalos que são feitos dentro da própria jornada de trabalho. Sendo que será concedido ao trabalhador para que este possa alimentar-se ou descansar, de modo que possa se recompor para poder dar seguimento a sua jornada de trabalho. Será concedido da seguinte maneira:

1) Até 4 horas de trabalho: não há intervalo.

2) De 4 à 6 horas de trabalho: terá direito a 15 minutos.

3) Mais de 6 horas de trabalho: terá direito a 1 ou 2 horas.

4. INTERVALOS INTERJORNADA

Este intervalo refere-se ao espaço de tempo em que existir entre uma jornada de trabalho e outra.

Conforme preceitua o art. 66 da CLT, o período que deve existir entre uma jornada e outra deve ser de no mínimo 11 horas consecutivas para descanso, deixando claro então que esse período deve ser apenas para descanso.

Vale ressaltar que quando o intervalo não for concedido pelo empregador, este será obrigado a remunerar o período correspondente com acréscimo de no mínimo 50% sobre o valor da remuneração normal de trabalho.

5. JORNADAS ESPECIAIS DE TRABALHO

Existem categorias profissionais que por força de lei ou normatização, recebem jornada de trabalho diferenciadas, categorias estas abordadas a seguir, por terem grande relevância num plano fático e doutrinário, a saber:

5.1 ADVOGADO

a) Exercerá atividades profissionais por 4 horas contínuas, ou 20 horas semanais, salvo, acordo ou convenção coletiva, ou contrato de exclusividade.

b) Fará jus a um adicional de 100% por horas extras prestadas, conforme art. 20 EAOAB.

5.2 BANCÁRIO

a) Exercerá atividades profissionais por 6 horas contínuas, ou 30 horas semanais, de segunda à sexta-feira.

b) Conforme arts. 224 e 225 da CLT, fica estabelecido que a duração normal do trabalho compreenderá entre às 7 e às 22 horas, com intervalo de 15 minutos.

c) A jornada poderá ser prorrogada, excepcionalmente, por até 8 horas por dia, não excedendo à 40 horas semanais.

5.3 TELEFONISTA

Exercerá atividades profissionais por 6 horas por dia, ou 36 horas semanais, conforme art. 227 da CLT.

5.4 JORNALISTAS PROFISSIONAIS

Exercerão atividades profissionais por 5 horas por dia, conforme art. 303 da CLT.

5.5 MÉDICOS

Exercerá atividades profissionais por 4 horas por dia, de acordo com o art. 8º da Lei 3.999/61.

5.6 CABINEIROS DE ELEVADOR

Exercerão atividades profissionais por 6 horas por dia, conforme Lei 3.270/57.

5.7 PROFESSOR

a) Exercerá atividades profissionais por 4 horas por dia, ou 6 horas por dia, intercaladas.

b) É vedado a regência de aulas e o trabalho em exames aos domingos.

c) A remuneração será fixada pelo número de aulas semanais, na conformidade dos horários.

d) O pagamento será mensal, considerando cada mês constituído de 4 semanas e meia.

6. EXCEÇÕES QUANTO À LIMITAÇÃO DA JORNADA DE TRABALHO

O art. 62 da CLT traz como preceito a exclusão de certos empregados da proteção normal de jornada de trabalho, sendo eles:

1) Empregados que exercem atividade externa, incompatível com a fixação de horário de trabalho.

2) Os gerentes, diretores, chefes de departamentos ou filial, quando o salário do cargo de confiança, compreendendo a gratificação de função, se houver, for inferior ao valor do respectivo salário efetivo acrescido de 40%.

7. FLEXIBILIZAÇÃO DAS LEIS TRABALHISTAS

Segundo Sérgio Pinto Martins, a flexibilização das condições de trabalho é o conjunto de regras que tem por objetivo instituir mecanismos tendentes a compatibilizar as mudanças de ordem econômica, tecnológica ou social existentes na relação entre o capital e o trabalho.

É o ajuste feito entre o obreiro e o empregador, para que o primeiro trabalhe mais horas em determinado dia para prestar serviços em número de horas inferior ao normal em outros dias.

A compensação normalmente será feita na mesma semana, porém, é facultado ao empregador conceder a compensação em até 120 dias.

Por exemplo, de segunda à quinta-feira o empregado trabalha 30 minutos à mais, para na sexta-feira sair duas horas mais cedo.

Compreende no cômputo das horas extraordinárias laboradas pelo empregado, de modo que este período fica armazenado na empresa, denominando-se assim de banco de horas. Este banco de horas laboradas pelo obreiro deverá ser concedido em descanso nas férias, e se caso o empregado for dispensado antes dos 12 meses, deverá receber como hora extra.

A partir do momento em que as horas extras entram no banco de horas, estas têm período aquisitivo, como nas férias, ou seja, quando o empregado for gozar de férias, será acrescido às horas do banco de horas, devidamente somadas e divididas pelo período da jornada de trabalho.

Vale ressaltar que o banco de horas deverá estar regulamentado pelo Ministério do Trabalho.

8. ORDEM DE SOBREAVISO, PRONTIDÃO E *BIP*

De acordo com o previsto no art. 244 da CLT, por este o empregado fica em casa, à disposição da empresa. De modo que para caracterizar ordem de sobreaviso, só pode ser telefone fixo, ou seja, *pager* e celular não caracterizam ordem de sobreaviso, podendo caracterizar hora extra, ou somente benefício do empregador.

De acordo com o entendimento do TST, contido na OJ 49 da SDI-I, o uso do aparelho *BIP* pelo empregado, por si só, não caracteriza regime de sobreaviso, uma vez que o empregado não permanece em sua residência aguardando a qualquer momento convocação para o serviço.

Em caso de horas de "sobreaviso", para todos os efeitos, serão contadas à razão de 1/3 (um terço) do salário normal, conforme dispõe o § 2º do art. 244 da CLT.

Difere-se a ordem sobreaviso do regime de prontidão, onde este último é considerado quando o empregado que ficar nas dependências da empresa aguardando ordens, podendo o obreiro perfazer uma escala máxima de prontidão de 12 horas. Assim, para todos os efeitos, as horas de prontidão serão contadas à razão de 2/3 (dois terços) do salário-hora normal, bem como preceitua o art. 244, § 3º da CLT.

9. TURNOS ININTERRUPTOS DE JORNADA DE TRABALHO

Esclarece Amauri Mascaro do Nascimento (1989:174) que

"por ininterrupto entende-se o sistema contínuo, habitual, seguido, de trabalho em turnos. Não será ininterrupto o trabalho em duas turmas diurnas, paralisado durante a noite, no qual o estabelecimento fica fechado".

Neste sentido, deve-se entender por turno ininterrupto de jornada de trabalho, como o trabalho realizado pelos empregados que se sucedem no posto de serviço, na utilização dos equipamentos, de maneira escalonada, para períodos distintos de trabalho.

Deste modo, empresas que trabalham 24 horas por dia, em regime de 7 dias por semana, deverá conter 2 turnos:

1) Flexíveis: com jornada máxima de 6 horas por dia.

2) Fixos: em casos de funções que não têm necessidade de trabalhar em horário diverso. Pode trabalhar até 8 horas por dia, desde que previsto em acordo ou convenção coletiva. Exemplo a Montadora de veículos Volkswagen, onde a fábrica trabalha em turnos flexíveis; já o departamento administrativo, como recursos humanos, departamento jurídico, trabalham 8 horas por dia.

10. JORNADA DE TRABALHO *IN ITINERE*

O art. 58 § 2º da CLT dispõe que o tempo despendido pelo empregado até o local de trabalho e para seu retorno, por qualquer meio de transporte, não será computado na jornada de trabalho, salvo quando, tratando-se de local de difícil acesso ou não servido por transporte público, o empregador deve fornecer a condução, entendimento respaldado na Súmula 90 do TST.

Conforme muito bem elucida o Ilustre Doutrinador Sérgio Pinto Martins,

o requisito básico para o cômputo como horas *in itinere* é a condução ser fornecida pelo empregador, caso não seja, não há que se falar em horas *in itinere*. Deste modo, pode-se afirmar que a palavra *in itinere* significa o "itinerário" do empregado ao seu local de trabalho.

Assim deve se entender como jornada *in itinere* como o tempo gasto pelo empregado, de sua casa até a empresa, e vice-versa. Sendo que este período considera-se como horário de trabalho.

Para que seja caracterizada a jornada *in itinere* faz-se necessário a presença de três requisitos:
1) A inexistência de transporte público.
2) A empresa é obrigada a fornecer ônibus fretado.
3) O local é de difícil acesso.

Qualquer acidente no trajeto de casa ao trabalho ou do trabalho para casa, é considerado acidente de trabalho, independente de o empregado gozar de hora *in itinere* ou não.

O fato de o empregador cobrar, parcialmente ou não, importância pelo transporte fornecido, para local de difícil acesso ou não servido por transporte regular, não afasta o direito à percepção das horas *in itinere*.

Segue abaixo algumas jurisprudências relevantes acerca do tema:

HORAS *IN ITINERE* NÃO CARACTERIZADA. O tempo despendido pelo empregado entre a portaria da empresa e o local da prestação de serviços só caracteriza horas *in itinere* quando o deslocamento é feito por transporte interno fornecido pelo empregador. (TRT 2ª Região – Acórdão 20050828953 – Juiz Relator Paulo Augusto Câmara – DOE/SP 22/11/2005).

HORAS *IN ITINERE*. Reconhecida a incompatibilidade entre os horários de início e término da jornada de trabalho do empregado e os do transporte público regular é devido o pagamento das horas extras *in itinere*, nos termos do inc. II da Súmula nº 90 do TST. (TRT 12ª Região – RO 00208.2007.012.12.00.8.

Para Facilitar o Direito

– 1ª Turma – Juíza Relatora Juíza Viviane Colucci – Publicado no TRTSC/DOE em 30-04-2008).

HORAS *IN ITINERE.* Quando o empregador fornece condução gratuita ao empregado e há disponibilidade de transporte público regular em apenas parte do trajeto compreendido entre a sua residência e o posto de trabalho, é devido o pagamento de horas *in itinere* em relação ao tempo despendido no percurso por ele não alcançado (inteligência da Súmula nº 90, IV, do TST). (TRT 12ª Região – Acórdão 6796/2007 – 2ª Turma – Juiz Relator Juiz Geraldo José Balbinot – Publicado no TRTSC/DOE em 25-01-2008)

Capítulo 8
FÉRIAS

1. CONCEITO E CONSIDERAÇÕES

Conforme o art. 129 da CLT, férias é o tempo concedido ao empregado para que este descanse.

O período aquisitivo que confere ao obreiro o direito de 30 dias de férias são os 12 primeiros meses trabalhados. E o período em que o empregado vai poder usufruí-lo são os próximos 12 meses, de acordo com a disponibilidade da empresa; tecnicamente esse período é conhecido como período concessivo de férias.

Seguindo este raciocínio, então, o empregado trabalha 12 meses, e tira-se as férias nos próximos 12 meses, passado esse prazo; se o empregador não conceder tal direito, pagará por este período em dobro, conforme art. 137 da CLT, e o Enunciado 81 do TST.

Como já dito anteriormente, terá o empregado direito a 30 dias de férias, dos quais poderá vender de um a 10 dias à empresa, de modo que quem decide quantos dias será vendido é o empregado. Assim os 20 dias restantes poderão ser divididos uma única vez, nunca em período inferior a 10 dias, ou seja, o obreiro poderá tirar um período de 10 dias de férias, e outro de igual período noutro momento.

Com base na explicação supra-aduzida, vale ressaltar que os menores de 18 anos e maiores de 50 anos não podem vender, nem dividir suas férias.

2. CONCESSÃO DE FÉRIAS

Quanto ao gozo das férias, importante saber que:

Para Facilitar o Direito

a) O aviso de férias deve ser feito por escrito ao empregado, com 30 dias de antecedência. Dessa participação o empregado dará recibo.

b) As férias deverão ser anotadas na CTPS do empregado e no livro ou na ficha de registro de empregados de acordo com o art. 135, § 2º, CLT.

c) O pagamento das férias deve ser feito até 2 dias antes do 1º dia das férias.

d) A remuneração inerente ao pagamento de férias corresponde ao salário + 1/3 CF, conforme art. 142 da CLT.

e) <u>O empregado que pede demissão antes de completar os 12 meses do período aquisitivo de férias, tem direito às férias proporcionais.</u> (Súmula 171 do TST).

3. OBSERVAÇÕES RELEVANTES

Segue abaixo observações relevantes acerca das férias:

1) O trabalhador não tem férias convencionais.

2) O período de férias será computado para todos os efeitos como tempo de serviço.

3) Perde direito a férias o empregado que fica afastado por mais de 6 meses consecutivos.

4) Membros da mesma família terão direito a gozar de férias no mesmo período, se assim desejarem, e, não resultar prejuízo para o serviço.

5) Menores de 18 anos, estudantes, terão direito de coincidir suas férias com as férias escolares.

6) Durante as férias o empregado não poderá prestar serviços a outro empregador, salvo se estiver obrigado a fazê-lo em virtude de contrato de trabalho regularmente mantido com aquele (art. 138 da CLT).

4. FÉRIAS COLETIVAS

São aquelas férias concedidas não somente a um empregado, mas poderão ser concedidas férias coletivas a todos os empregados de uma empresa ou de determinados estabelecimentos ou setores, conforme arts. 139, 140 e 141 da CLT. Tais férias, só podem ser concedidas dez vezes ao ano, nunca em um período inferior a 10 dias.

O empregador comunicará ao órgão local do Ministério do Trabalho e aos Sindicatos representativos da categoria profissional, com antecedência mínima de 15 dias, as datas de início e fim das férias.

Importante dizer que tais férias interrompem o prazo para o período concessivo, iniciando-se a contagem do zero, e os empregados contratados há menos de 12 meses gozarão das férias proporcionais, iniciando-se então novo período aquisitivo.

5. FÉRIAS DOS PROFESSORES

É assegurado aos professores o pagamento dos salários no período de férias escolares. Se despedido sem justa causa ao terminar o ano letivo ou no curso destas férias, faz jus aos referidos salários, conforme enunciado 10 do TST.

No período de férias não poderá se exigir dos professores outro serviço senão o relacionado com a realização de exames.

6. FÉRIAS EM REGIME DE TEMPO PARCIAL

O regime de tempo parcial de jornada de trabalho traz como consequência uma jornada menor de trabalho, desse modo ocorrem situações de trabalho diferenciadas, pois o cansaço do trabalhador será menor; com isso é correto que suas férias tenham duração menor.

Tendo em vista tal situação, o Legislador disciplinou o assunto no art. 130-a e incisos, todos da CLT, introduzido pela MP 2076/34/2001, da seguinte maneira:

a) 18 dias de férias, para trabalho semanal superior à 22 horas até 25 horas.

b) 16 dias de férias, para trabalho semanal superior à 20 horas até 22 horas.

c) 14 dias de férias, para trabalho semanal superior à 15 horas até 20 horas.

d) 12 dias de férias, para trabalho semanal superior à 10 horas até 15 horas.

e) 10 dias de férias, para trabalho semanal superior à 5 horas até 10 horas.

f) 8 dias de férias, para trabalho semanal igual ou até 5 horas.

Vale dizer que o empregado que for contratado sob o regime de tempo parcial não poderá vender suas férias. E ainda que se o obreiro for contratado sob o regime de tempo parcial, e tiver mais de 7 faltas, injustificadas ao longo do período aquisitivo, terá seu período de férias reduzido à metade.

7. PERDA DO DIREITO DE FÉRIAS

O empregado não terá direito a férias se no curso do período aquisitivo, tendo que iniciar novo período após o retorno ao serviço, quando:

a) Deixar o emprego e não ser readmitido dentro de 60 dias.

b) Permanecer no gozo de licença remunerada por mais de 30 dias.

c) Deixar de trabalhar com percepção de salários, por mais de 30 dias em virtude de paralisação parcial ou total dos serviços.

d) Estar em auxílio-doença ou acidente de trabalho por mais de 6 meses, mesmo que descontínuos.

8. PRESCRIÇÃO DAS FÉRIAS

O prazo de prescrição de férias começa a correr do término do período concessivo de férias, ou, se for o caso, da cessação do contrato de trabalho, conforme art. 149 da CLT. O empregado terá 5 anos para reclamar a concessão das férias, estando em vigor o contrato de trabalho. O empregado terá 2 anos, a contar da cessação do contrato de trabalho, para propor a ação. Ajuizada a ação nesse prazo, poderá reclamar as férias dos últimos 5 anos, a contar do término do período concessivo correspondente.

Importante lembrar que para menores de 18 anos não corre prazo prescricional, de acordo com art. 440 da CLT. Começando a correr a prescrição apenas quando fizer 18 anos.

Capítulo 9
FGTS – FUNDO DE GARANTIA POR TEMPO DE SERVIÇO

1. CONCEITO E CONSIDERAÇÕES

É o tempo que o empregado terá de depósitos em uma conta vinculada que irá arcar com as despesas pessoais após a rescisão do contrato de trabalho; para assegurar a subsistência mínima do empregado e de sua família, ou seja, é um fundo de reserva concedido somente ao empregado celetista, e tem como natureza jurídica o caráter de INDENIZAÇÃO, vem disciplinado pela Lei 8.036/90.

Sendo assim, pode-se dizer que é o depósito que o empregador efetua a favor do empregado, no montante de 8% sobre todas as parcelas que integram a remuneração, habituais ou não, inclusive horas extras e utilidades. Tais incidências dos depósitos também ocorrem nas hipóteses de interrupção do contrato de trabalho. Inclusive incide também tal indenização quando da dispensa do empregado pelo empregador, sem justa causa, conforme disposto no art. 477 da CLT.

A porcentagem paga mensalmente pelo empregador será de 8,5% ao mês, a serem depositados todo dia 7, valendo ressaltar que é diferente de 7º dia útil, sendo que 8% será depositado na conta do FGTS do empregado, e os outros 0,5% ao Fisco.

Em caso de rescisão do contrato de trabalho, será depositado na conta do FGTS uma multa correspondente de 50% ao valor que deverá estar recolhido, pelo tempo de serviço prestado pelo empregado, e deverá ser depositado da seguinte maneira, 40% na conta de FGTS do empregado e 10% ao Fisco.

2. EXCEÇÕES AO FGTS

O recolhimento do FGTS é obrigatório a todos os empregados, salvo:

a) Empregada doméstica; para esta o recolhimento é facultativo ao empregador, porém, uma vez recolhido, este passa a ser obrigatório.

b) Diretores de cooperativa; por mera liberalidade o empregador pode efetuar os depósitos aos diretores não empregados.

c) O aprendiz terá direito a um recolhimento mensal no FGTS correspondente a 2,5%, ou seja, 2% depositados na conta do FGTS do empregado, e os outros 0,5% ao Fisco.

3. HIPÓTESES DE LEVANTAMENTO DO FGTS

O FGTS poderá ser levantado pelo empregado, nas seguintes hipóteses:

1) Dispensa sem justa causa; tendo direito inclusive ao saque da multa dos 40% sobre o FGTS.

2) Pedido de demissão; para este caso poderá sacar o empregado seu FGTS, depois de 3 anos contados da saída da empresa, e se estiver sem registro em sua CTPS.

3) Dispensa com justa causa; neste caso poderá sacar o empregado seu FGTS depois de 3 anos, contados da saída da empresa, e se estiver sem registro em sua CTPS.

4) Aposentadoria; neste caso a autorização é concedida pela própria Previdência Social, independe do fornecimento de guia por parte do empregador.

5) Doença grave; consideram-se estas como a aids, o câncer e as doenças degenerativas.

6) Compra, quitação total ou parcial de imóveis; desde que respeitado exigências legais.

7) Compra de Ações; desde que tenha lei federal que permita.

8) Morte de empregado; momento em que os herdeiros podem fazer o levantamento.

9) Extinção total da empresa; desde que comprovada por declaração escrita da empresa, suprida, quando for o caso, por decisão judicial transitada em julgado.

10) Extinção normal do contrato de trabalho a termo; neste incluem-se também os trabalhadores temporários.

11) Suspensão total do contrato de trabalho do avulso; desde que por período igual ou superior a 90 dias, comprovada mediante declaração do sindicato de sua categoria.

Vale ressaltar que a mudança do regime celetista para estatutário não autoriza o levantamento do FGTS, pois não há rescisão do vínculo, nem determinação na lei nesse sentido.

4. FATOR DO PRÍNCIPE – *FACTUM PRINCIPES*

No caso de paralisação total do contrato de trabalho em razão da Administração Pública, ou por caso de promulgação de Lei ou resolução que impossibilite a continuação da atividade laboral, o pagamento da multa dos 40% referente ao FGTS será paga pelo ente do Poder Executivo que deu causa ao fechamento da empresa. Como exemplo, podemos citar o fechamento dos bingos, determinado por Medida Provisória. Art. 486.

5. CULPA RECÍPROCA

No caso de culpa recíproca, ou seja, ambos, tanto empregador, quanto empregado concorrerem para a rescisão do contrato de trabalho, de modo que seja aplicada a justa causa para os dois, para este, a multa sobre o FGTS que o empregador paga é reduzida, o valor corresponderá a 30%, ou seja, 20% depositados na conta do FGTS do empregado, e os outros 10% ao Fisco. Art. 484.

Capítulo 10
AVISO PRÉVIO

1. CONCEITO

É a comunicação que uma parte do contrato de trabalho deve fazer à outra de que pretende rescindir o referido pacto, de acordo com o prazo previsto em lei, sob pena de pagar indenização substitutiva. Em nossa legislação existe o aviso prévio indenizado e o aviso prévio trabalhado. Com isso, se o aviso prévio for cumprido em casa, seria o mesmo que falar em aviso prévio indenizado, sendo que as verbas rescisórias devem ser pagas até o décimo dia da demissão, conforme dispõe OJ 14 SDI-I do TST.

2. CONSIDERAÇÕES IMPORTANTES ACERCA DO AVISO PRÉVIO

Será elencado abaixo um rol de informações relevantes acerca do aviso prévio:

a) Reza o art. 7º, XXI, CF que o aviso prévio será de, no mínimo, 30 dias. Nada impede que as partes ou a norma coletiva fixem prazo de aviso superior a 30 dias.

b) A dispensa do aviso prévio por parte do empregador dá ao empregado o direito aos salários correspondentes ao prazo do aviso, garantida sempre a integração desse período no seu tempo de serviço de acordo com o disposto no art. 487, § 1º da CLT.

c) A dispensa de aviso prévio por parte do empregado dá ao empregador o direito de descontar os salários correspondentes ao prazo respectivo, conforme previsto no art. 487, § 2º da CLT.

Para Facilitar o Direito

d) É devido o aviso prévio na despedida indireta, em conformidade com o art. 487, § 4º da CLT.

e) O aviso prévio é um direito irrenunciável do empregado, ficando o empregador obrigado a pagar o valor correspondente. Só poderá ser renunciado se houver prova de o obreiro ter obtido novo emprego, conforme Súmula 276 do TST.

f) Se o empregado praticar justa causa, inexiste direito a aviso prévio, conforme Súmula 73 do TST.

g) Se o empregado cometer justa causa durante o aviso prévio perde o direito ao restante do respectivo prazo, de acordo com o art. 491 da CLT.

h) Se o empregador praticar justa causa durante o aviso prévio dado ao empregado, deverá pagar a remuneração correspondente ao aviso prévio, de acordo com o art. 490 da CLT.

i) Reconhecida a culpa recíproca na rescisão do contrato de trabalho o empregado tem direito a 50% do valor do aviso prévio, conforme Súmula 14 do TST.

j) Cabe aviso prévio nos contratos de prazo indeterminado, conforme prevê o art. 487 da CLT. Nos contratos por prazo determinado, o aviso prévio é incabível, pois as partes já sabem de antemão quando é que vai terminar o pacto laboral, porém, por força do art. 481 da CLT, se houver uma cláusula nos contratos por tempo determinado, assegurando o direito recíproco de rescisão antecipada do pacto, aplicam-se, caso seja exercido tal direito, as regras que tratam da rescisão do contrato por tempo indeterminado, sendo devido, então, o aviso prévio.

k) Integra o aviso prévio o contrato de trabalho, para todos os efeitos, inclusive para o cálculo de mais 1/12 de 13º salário e férias em função de sua projeção.

l) É inválida a concessão de aviso prévio na fluência de garantia de emprego conforme Súmula 348 do TST.

3. FORMA DE CUMPRIMENTO DO AVISO PRÉVIO

Conforme o art. 488 da CLT, a jornada de trabalho durante o aviso prévio e, se a rescisão for promovida pelo empregador, será da seguinte forma: redução de 2 horas na jornada normal e trabalhar durante os 30 dias trabalhados; ou, trabalhar sem a redução de 2 horas, faltando no serviço por 7 dias corridos, sem prejuízo do salário.

Importante ressaltar que é ilegal substituir o período que se reduz a jornada de trabalho, no aviso prévio, pelo pagamento das horas correspondentes, conforme aduz a Súmula 230 do TST.

No caso de empregado rural, se a rescisão for promovida pelo empregador, o empregado terá direito a faltar um dia por semana para procurar novo emprego de acordo com o art. 15 da Lei nº 5.889/73.

O doméstico também terá direito a aviso prévio de 30 dias conforme art. 7º, parágrafo único, CF.

É possível a reconsideração do aviso prévio. À outra parte caberá ou não aceitar a reconsideração. Aceita a reconsideração ou continuando a prestação dos serviços (reconsideração tácita) após o término do aviso prévio, o contrato continuará normalmente, como se não houvesse sido dado o aviso, conforme art. 489, parágrafo único da CLT.

Não cabe aviso prévio no primeiro ano do contrato de trabalho por prazo indeterminado, pois este é considerado ano de experiência, conforme art. 478 da CLT.

Direito Material e Processual do Trabalho

Capítulo 11
RESCISÃO DO CONTRATO
DE TRABALHO

1. CONCEITO

Denomina-se pela cessação do contrato de trabalho, com a consequente extinção das obrigações aos contratantes.

2. TIPOS DE RESCISÃO DO CONTRATO DE TRABALHO

Por Decisão do Empregador

Dispensa Sem Justa Causa
Neste caso, o empregador terá que pagar ao empregado, além de todas as verbas rescisórias, a multa de 40% dos depósitos do FGTS.

Dispensa Com Justa Causa
Para este, o empregado terá direito apenas ao recebimento das seguintes verbas: saldo de salário, somado a férias vencidas acrescido de 1/3 constitucional, se houver, conforme disposto no art. 482 da CLT.

Importante salientar que empregado estável que comete justa causa deverá ter contra si, instaurado inquérito para apuração de falta grave, conforme previsão do art. 853 da CLT.

Tipos de Justa Causa
O art. 482 da CLT dispõe sobre as possibilidades de justa causa aplicadas ao empregado; vale ressaltar que tal dispositivo é exemplificativo, ten-

do em vista a existência de outras possibilidades de justa causa, não contidas nele, que inclusive citadas abaixo:

a) *Improbidade*; ligado a furto ou roubo. No direito do trabalho não se aplica a teoria da insignificância penal. Pode recair a improbidade sobre objetos da empresa, clientes ou empregados. Ex.: furto de cartucho de impressoras.

b) *Incontinência de conduta*; qualquer ato que tenha uma conotação sexual dentro da empresa. "Só contato físico". Ex.: Empregados flagrados juntos no estoque, praticando atos libidinosos.

c) *Mau procedimento*; qualquer ato contra a boa educação. Ex.: pular a catraca de entrada, ao invés de passar o crachá de acesso.

d) *Negociação habitual*; concorrência desleal. Ex.: mandar um cliente para o concorrente de seu empregador.

e) *Condenação criminal transitada em julgado*; (desde que não haja *sursi*). Se absolvido, não cabe, somente se condenado.

f) *Desídia*; negligência, relaxo, desleixo. Ex.: vigia / porteiro que dorme em horário de trabalho.

g) *Embriaguez*; pode ser proveniente de álcool ou de drogas. Exceto se o alcoolismo for patológico, pois aí é doença, e não falta grave, pelo Novo Código Civil, art. 3º, não é mais considerado justa causa e sim doença, portanto, a empresa deve cuidar do empregado.

h) *Violação de segredo da empresa*; informações restritas à empregadora. Ex.: 1. fórmulas de remédio. Ex.: 2. Volks – nenhum funcionário pode entrar na fábrica com celular de câmera.

i) *Indisciplina e insubordinação*: Indisciplina – ordens gerais (normas da empresa); In**su**bordinação – ordens pessoais, diretas, hierárquicas. **perior**

j) *Abandono de emprego*; para a caracterização deste faz-se necessário a presença de dois requisitos cumulativos: 1) ausência por mais de trinta dias; 2) tem que estar trabalhando em outra empresa.

k) *Ato lesivo contra honra ou físico do empregador*; (excludente = Legítima Defesa); Honra – empregador, chefe, ou qualquer outro empregado. É subjetivo. Ex.: tinha que ser loira, tinha que ser gordo... etc. Físico – empregador, superior, colega de trabalho, cliente, etc.

l) *Prática constante de jogos de azar*; desde que durante a jornada de trabalho, exclui-se o horário do almoço / descanso.

m) *Atos de atentado contra o Sistema Nacional / Segurança Nacional*. Ex.: terrorismo.

n) *Aprendiz*; quando reprovado na escola, art. 433 da CLT.

o) *Bancário*; quando tiver seu nome inscrito nos órgãos de proteção ao crédito.

p) *Falta de uso de EPI*; quando o empregado se recusar a usar o Equipamento de Proteção Individual (EPI).

q) *Omissão quanto a necessidade de Vale-transporte*; omitir ou mentir informações sobre o uso de Vale-transporte.

r) *Abandono do trem pelo ferroviário em caso de acidente*; ferroviário que não fica na via quando há acidente de trabalho.

3. POR DECISÃO DO EMPREGADO

Pedido de Demissão

É o aviso que o empregado faz ao empregador de que não mais deseja trabalhar na empresa. Este aviso deve ser feito com antecedência mínima de 30 dias, de modo que o empregado deve trabalhar durante o aviso prévio, salvo se for liberado pelo empregador. Vale salientar que se o empregado já possuir outro empregador, e necessitar sair da empresa o mais rápido possível, poderá neste caso não cumprir o aviso prévio, por força da Súmula 276 do TST.

O empregado que pedir demissão terá direito ao 13º proporcional (Súmula 157 do TST), a férias vencidas e proporcionais (Súmulas 171 e 261 do TST). Porém, não fará jus à indenização contida no art. 477 da CLT, ao saque do FGTS e às guias do seguro-desemprego.

Rescisão Indireta do Contrato de Trabalho

Conforme disposto no art. 483 da CLT, a rescisão indireta se dará quando o empregador cometer justa causa ao empregado, promovendo assim a rescisão do contrato de trabalho. Desta forma, tal dispositivo traz um rol de hipóteses de justa causa cometidas pelo empregador, que abaixo será abordado:

a) Forem exigidos serviços superiores às suas forças, defesos por lei, contrário aos bons costumes, ou alheios ao contrato.

b) For tratado pelo empregador ou por seus superiores hierárquicos com rigor excessivo.

c) Correr perigo manifesto de mal considerável.

d) Não cumprir o empregador as obrigações do contrato.

e) Praticar o empregador ou seus prepostos, contra ele ou pessoas de sua família, ato lesivo da honra e da boa fama.

f) O empregador ou seus prepostos ofenderem-no fisicamente, salvo em caso de legítima defesa, própria ou de outrem.

g) O empregador reduzir o seu trabalho, sendo este por peça ou tarefa, de forma a afetar sensivelmente a importância dos salários.

h) O empregado poderá suspender a prestação dos serviços ou rescindir o contrato, quando tiver que desempenhar obrigações legais, incompatíveis com a continuação dos serviços. (§ 1º do art. 483 da CLT).

i) No caso de morte do empregador constituído na empresa individual, é facultado ao empregado rescindir o contrato de trabalho (§ 2º do art. 483 da CLT).

j) Nas hipóteses das letras d e g, poderá o empregado pleitear a rescisão do contrato de trabalho e o pagamento das respectivas indenizações, permanecendo ou não no serviço até decisão final do processo. (§ 3º do art. 483 da CLT).

4. POR CULPA RECÍPROCA

O art. 484 da CLT, traz a possibilidade da culpa recíproca na rescisão do contrato de trabalho, ou seja, tanto o empregado quanto o empregador ensejaram hipóteses mútuas de justa causa. Ex.: empregador trata empregado com rigor excessivo, e este devolve com ofensas físicas.

Neste caso, havendo culpa recíproca no ato em que determinou a rescisão do contrato de trabalho, o Tribunal Regional do Trabalho reduzirá a indenização à que seria devida no caso de culpa exclusiva do empregador pela metade.

Direito Material e Processual do Trabalho

5. RESCISÃO DO CONTRATO DE TRABALHO POR PRAZO DETERMINADO

Para este caso, se o término do contrato de trabalho se der pelo decorrer normal do prazo determinado, terá o empregado direito ao levantamento do FGTS, 13º salário proporcional, férias proporcionais. Não terá direito ao aviso prévio, pois as partes já sabiam previamente do término do contrato, e nem ao pagamento da multa de 40% do FGTS, tendo em vista que o rompimento não fora o empregador quem deu causa.

Vale ressaltar que se o empregador rescindir o contrato de trabalho antecipadamente, deverá indenizar o empregado com o valor referente à metade do que receberia se continuasse trabalhando até o término do contrato de trabalho (art. 479 da CLT). Se o rompimento antecipado se der por vontade do empregado, este deverá indenizar o empregador em qualquer eventual prejuízo que tiver causado (art. 480 da CLT).

6. RESCISÃO DO CONTRATO DE TRABALHO POR DESAPARECIMENTO DE UMA DAS PARTES

O contrato de trabalho pode cessar também em caso de desaparecimento de uma das partes, quais sejam: por morte do empregado, morte do empregador pessoa física e extinção da empresa.

Aposentadoria
A aposentadoria é uma das modalidades de cessação do contrato de trabalho, de modo que se o empregado desejar continuar trabalhando na empresa, deverá ser firmado um novo contrato de trabalho.

7. FORÇA MAIOR

A força maior é uma causa de cessação do contrato de trabalho, e essa se dá pelo acontecimento inevitável e imprevisível, alheio à vontade do empregador, de modo que este não concorreu para tal advento de forma direta ou indiretamente. Ex.: incêndio, inundação, terremoto, dentre outros fenômenos da natureza. Importante salientar que neste caso, o valor das verbas rescisórias deverão ser pagos inteiramente ao empregado.

8. *FACTUM PRINCIPIS*

O *factum principis* também é modalidade de cessação do contrato de trabalho, onde este é causado pela Administração Pública, provocando o encerramento da empresa e a dispensa dos seus empregados. Neste caso as verbas rescisórias serão pagas pelo empregador, tendo em vista que o mesmo assume os riscos da atividade econômica, e a Administração Pública, como já explicado anteriormente, paga a multa de 40% do FGTS.

Capítulo 12
MEDICINA E SEGURANÇA DO TRABALHO

1. CONCEITO

Este ramo do Direito do Trabalho é responsável por oferecer condições de proteção à saúde do trabalhador em seu local de trabalho, inclusive preocupando-se com sua recuperação quando não estiver prestando serviços ao empregador.

2. MEDIDAS DE PREVENÇÃO DE MEDICINA E SEGURANÇA DO TRABALHO

O exame médico é uma das medidas preventivas de medicina do trabalho, de modo que deverá ser feito na admissão do empregado, na dispensa, e periodicamente, e o custeio para tanto deverá ser suportado pelo empregador.

O Ministério do Trabalho aprovará o quadro das atividades e operações insalubres e adotará normas sobre os critérios de caracterização da insalubridade, os limites de tolerância dos agentes agressivos, meios de proteção e o tempo máximo de exposição dos empregados a esses agentes, conforme art. 190 CLT.

A eliminação ou neutralização da insalubridade ocorrerá com a adoção de medidas que conservem o ambiente de trabalho dentro dos limites de tolerância, ou com a utilização de equipamentos de proteção individual ao trabalhador, que diminuam a intensidade do agente agressivo a limites de tolerância, de acordo com o disposto no art. 191 CLT. Deste modo, a empresa é obrigada a fornecer aos empregados, gratuitamente, equipamentos de proteção individual.

O trabalho em condições insalubres, acima dos limites de tolerância estabelecidos pelo Ministério do Trabalho, assegura a percepção de adicional de insalubridade, que incidirá sobre o Salário Mínimo.

Quanto às atividades periculosas, o empregado terá direito à percepção de um adicional de periculosidade que incidirá sobre o salário contratual.

A caracterização e classificação da periculosidade e insalubridade serão feitas através de perícia a cargo do médico ou engenheiro do trabalho, conforme disposto no art. 195 CLT.

Neste mesmo sentido o direito do empregado ao adicional cessará apenas com a eliminação do risco à sua saúde ou integridade física, em conformidade com o art. 194 CLT.

3. CIPA

Conforme art. 163 da CLT, a Comissão Interna de Prevenção de Acidentes (CIPA) tem sua existência obrigatória, onde seu objetivo é observar e relatar as condições de risco no ambiente de trabalho e solicitar as medidas para reduzir até eliminar os riscos existentes e/ou neutralizá-los, discutindo os acidentes ocorridos e solicitando medidas que os previnam, bem como orientando os trabalhadores quanto a sua prevenção.

A CIPA poderá ser representada por representantes da empresa e dos empregados. O mandato dos membros eleitos da CIPA é de um ano, sendo permitida uma reeleição. Mas os representantes titulares não poderão ser reconduzidos por mais de dois mandatos consecutivos.

Vale ressaltar que o empregado eleito como representante da CIPA terá garantia de emprego, diferente do empregado indicado pelo empregador para ser presidente da CIPA, que nesse caso não terá o referido direito.

4. PROTEÇÃO AO TRABALHO DO MENOR

De acordo com o art. 403 da CLT é proibido qualquer trabalho a menores de 16 anos, salvo na condição de aprendiz, a partir dos 14 anos. A idade para poder ser considerado aprendiz se dá dos 14 anos até os 24 anos, conforme MP 251/05.

O trabalho do menor não poderá ser realizado em locais prejudiciais a sua formação, ao seu desenvolvimento físico, psíquico, moral e social, e em horários e locais que permitam sua frequência à escola.

É vedado ao menor o trabalho noturno, conforme dispõe o art. 404 da CLT.

Seu Contrato de Trabalho é especial, ou seja, deverá ser sempre escrito e por prazo determinado com duração máxima de 2 anos (art. 428 da CLT), devendo conter sempre anotação na CTPS.

Não poderá sua jornada exceder a 6 horas diárias de trabalho, exceto se já tiver cursado ensino fundamental e estiver cursando ensino médio, neste caso, poderá ser de 8 horas diárias, conforme disposto no art. 432 da CLT.

Terá direito ao recolhimento pelo empregador de 2% de FGTS ao mês.

5. EXTINÇÃO DO CONTRATO DE APRENDIZAGEM

O contrato de aprendizagem extinguir-se-á no seu termo, ou quando o aprendiz completar 24 anos, ou ainda antecipadamente nas seguintes hipóteses:

a) Desempenho insuficiente ou inadaptação do aprendiz.

b) Falta disciplinar grave.

c) Ausência injustificada à escola ou que implique perda do ano letivo.

d) A pedido do aprendiz.

Capítulo 13
ESTABILIDADE E GARANTIA DE EMPREGO

1. CONCEITO

É o direito de o trabalhador permanecer no emprego, mesmo contra a vontade do empregador, enquanto inexistir uma causa relevante expressa em uma das fontes normativas, que autorizou tal direito e que permita a sua dispensa. É direito do emprego.

Preceitua, porém, o art. 492 da CLT, que é o tempo que o empregado terá de garantia de emprego. Porém, vale ressaltar que garantia de emprego é um instituto mais amplo que a estabilidade, compreende, além da estabilidade, medidas outras que objetivam a impedir a dispensa do trabalhador; e sendo assim, esse conceito previsto na legislação só se aplica ao empregado, não se estendendo ao trabalhador.

2. CLASSIFICAÇÃO

Há duas espécies de estabilidade: a definitiva e a provisória.

2.1. ESTABILIDADE DEFINITIVA OU ABSOLUTA

É aquela que ocorre quando o empregado não pode ser dispensado de forma alguma. A única hipótese desse tipo de estabilidade é no caso do empregado decenal, que é aquele que tinha mais de 10 anos de casa e não era optante pelo FGTS, só podendo ser contratado anteriormente à Constituição Federal de 1988.

Vale ressaltar que a hipótese supracitada é a única estabilidade propriamente dita, sendo que o restante se trata de garantia de emprego.

Não esqueça:

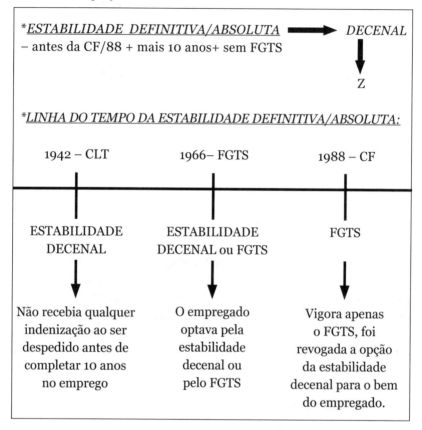

2.2 ESTABILIDADE RELATIVA OU PROVISÓRIA

Esta se dá em determinadas hipóteses em que o empregado, em certo período de tempo, por força de lei, não poderá ser dispensado sem que haja motivo relevante ou causa justificada. Deste modo a estabilidade provisória de emprego proíbe o direito de dispensa por parte do empregador, ainda que este queira pagar as indenizações.

Com isso o empregado que detém garantia de emprego, poderá ser dispensado, por exemplo, se praticar falta grave, caso cometa um ato de justa causa, como os previstos no art. 482 da CLT.

A estabilidade provisória é atribuída conforme segue:

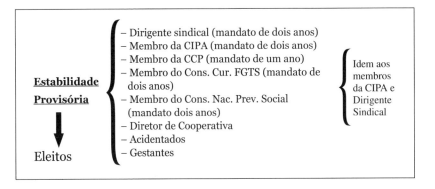

Seguem abaixo as principais considerações acerca dos detentores de estabilidade provisória:

a) *Dirigente Sindical*; acerca deste fica vedada a dispensa do empregado sindicalizado a partir do registro da candidatura a cargo de direção ou representação sindical e, se eleito, ainda que suplente, até um ano após o final do mandato, salvo se cometer falta grave nos termos da lei (§ 3º do art. 543 da CLT e inciso VIII, do art. 8º da Constituição Federal). Vale dizer ainda que a estabilidade deste se estende ao suplente ou vice.

Importante ressaltar que conforme Súmula 369 do TST, em caso de extinção do estabelecimento no âmbito da base territorial do sindicato, ou se o empregado adquirir estabilidade na vigência do aviso prévio, não há que se falar em direito a estabilidade.

b) *Membro da CIPA*; o objetivo da estabilidade do cipeiro é que o empregador não venha a prejudicar ou dispensar o trabalhador pelo fato de que este está cuidando de interesses de prevenção de acidentes na empresa, desagradando ao patrão. A estabilidade deste se dá a partir de sua candidatura até um ano após o final do mandato. Para que haja formação da CIPA, é necessário que exista no mínimo vinte empregados; o texto legal que disciplina a CIPA está contido no art. 10, inciso II, letra "a" do ADCT.

Vale salientar que de acordo com a Súmula 339 do TST, em caso de extinção do estabelecimento, não existe mais a estabilidade e não é devida a indenização da estabilidade, além do que a mencionada Súmula do TST, combinada com a Súmula 676 do STF, conferem também direito à estabilidade ao suplente da CIPA.

c) *Membro da CCP (Comissão de Conciliação Prévia)*; o objetivo da estabilidade dos membros da CCP é evitar que o empregador dispense o trabalhador por terem entendimentos contrários aos do patrão, como forma de represália. Assim é vedada a dispensa dos representantes dos empregados membros da CCP, titulares e suplentes, até um ano após o final do mandato, exceto se cometerem falta grave, conforme bem preceitua o § 1º do art. 625-B da CLT.

d) *Membro do Conselho Curador do FGTS*; inicialmente é necessário considerar que esta garantia atinge não só os efetivos, como também os suplentes, e estes possuem estabilidade provisória desde a nomeação até um ano após o término do mandato de representação, somente podendo ser dispensados por motivo de falta grave, desde que devidamente apurada por meio de processo sindical, de acordo com o § 9º do art. 3º da Lei nº 8.036/90.

e) *Membro do Conselho Nacional da Previdência Social*; inicialmente é necessário considerar que esta garantia atinge não só os efetivos, como também os suplentes, e estes possuem estabilidade provisória desde a nomeação até um ano após o término do mandato de representação, somente podendo ser dispensados por motivo de falta grave, desde que devidamente apurada por meio de processo sindical, de acordo com o § 7º do art. 3º da Lei nº 8.213/91.

f) *Diretor de Cooperativa*; o diretor de sociedade cooperativa não poderá ser dispensado desde o momento do registro de sua candidatura ao cargo de direção até um ano após o final de seu mandato, caso seja eleito. Importante ressaltar que o único vice que não tem estabilidade é o vice do diretor de cooperativa.

g) *Acidentado*; o empregado que sofreu acidente de trabalho tem garantia pelo prazo mínimo de 12 meses da manutenção do seu contrato de trabalho na empresa, após a cessão do auxílio doença acidentária, a partir do seu retorno ao trabalho, independentemente de percepção de auxílio-acidente, conforme coaduna o art. 118 da Lei 8.213/91 e a Súmula 378 do TST.

Neste caso, a empregada doméstica também terá direito à estabilidade, diferentemente da diarista.

Para que seja conferida a estabilidade pelo acidente de trabalho, faz-se necessário o preenchimento de alguns requisitos, a saber: 1) o acidente tem que estar relacionado ao trabalho; 2) é necessário um afastamento de pelo menos 15 dias; 3) emissão de CAT (Comunicação de Acidente de Trabalho) no 10º dia.

A Súmula 378 do TST também prevê a estabilidade da doença profissional mediante perícia médica judicial, mesmo que o empregado não tenha sido afastado pelo INSS.

h) *Gestante*; a estabilidade da gestante se dá desde a confirmação da gravidez até 5 meses após o parto, conforme art. 10, inciso II, letra "b" do ADCT. O desconhecimento do estado gravídico pelo empregador, não afasta o direito ao pagamento da estabilidade, conforme a Súmula 244 do TST, mas a referida Súmula também afasta o direito à estabilidade gestante, no caso de o contrato ser de experiência, ou determinado.

É devida a garantia de emprego à empregada doméstica desde a confirmação da gravidez até 5 meses após o parto, de acordo com o art. 4º – A da Lei nº 5.859/72.

Vale ressaltar que com a morte do feto, ou do bebê, cessa a estabilidade.

2.3 ESTABILIDADE CONTRATUAL PREVISTAS EM NORMAS COLETIVAS

Há estabilidades contratuais que estão previstas na norma coletiva e possuem regulamentações específicas, a saber:

a) *Serviço militar*: não dá estabilidade.

b) *Moléstia profissional*.

Para Facilitar o Direito

c) *Auxílio-doença*: não é acidente de trabalho, neste caso a estabilidade será de igual período ao período do afastamento. Ex.: 20 dias afastado corresponderá a 20 dias de estabilidade. Assim o empregado terá estabilidade o tempo que ficar afastado, não excedendo 60 dias (Lei 8.213/91). Ex.: 40 dias afastado corresponderá a 40 dias de estabilidade; 65 dias afastado corresponderá a 60 dias de estabilidade.

d) *Licença-maternidade*.

e) *Deficiente físico ou mental*: não tem estabilidade.

f) *Aids* não dá estabilidade, salvo se previsto em acordo ou convenção coletiva. Para a lei, não há estabilidade.

2.4 EXTINÇÃO DA ESTABILIDADE

A estabilidade cessa com a morte do empregado; com a aposentadoria espontânea; com o advento de ocorrência de força maior como eventos da natureza (ex.: terremoto que destroi a empresa); falta grave praticada pelo empregado (ex.: justa-causa); com o pedido de demissão e com a falência da empresa, vale dizer que para este último a recuperação judicial não é causa de extinção da estabilidade.

Importante ressaltar que qualquer empregado que goze de estabilidade e comete uma justa causa, deverá ser submetido a um inquérito judicial para apuração de falta grave, no prazo de trinta dias a partir do conhecimento do fato.

Não há estabilidade para empregados contratados por tempo determinado, estes, portanto, não podem candidatar-se à estabilidade provisória. Ocorrendo um acidente de trabalho com um empregado contratado por prazo determinado, os 15 primeiros dias de afastamento serão pagos pela empresa, e os demais serão pagos pelo INSS, até o termo final do contrato.

Nesta mesma linha de raciocínio, o empregado, contratado por prazo indeterminado, que esteja em cumprimento de aviso prévio, também não poderá se candidatar e sequer ter benefício da estabilidade. A partir do recebimento do aviso prévio, o contrato passa a ser por prazo determinado.

Sendo assim, nenhum empregado estável poderá ser demitido sem justa causa, se isto ocorrer, a medida cabível para reintegrá-lo será:

Direito Material e Processual do Trabalho

reclamação trabalhista cumulado com pedido de liminar quando for o caso de demissão de dirigente sindical. Já no caso dos demais empregados estáveis que forem injustamente dispensados, caberá reclamação trabalhista cumulado com pedido de tutela antecipada para reintegrá-lo.

Capítulo 14
LIBERDADE SINDICAL

1. CONCEITO E CONSIDERAÇÕES IMPORTANTES

É o direito dos trabalhadores e empregadores de se organizarem e constituírem livremente as agremiações que desejarem, no número por eles idealizado, sem que sofram qualquer interferência ou intervenção do Estado, nem uns em relação aos outros, visando a promoção de seus interesses ou dos grupos que irão representar. Essa liberdade sindical também compreende o direito de ingressar e se retirar dos sindicatos.

A Convenção n° 98 da OIT, de 1949, que foi aprovada pelo Brasil em agosto de 1952, traça regras gerais a respeito da liberdade sindical.

Os trabalhadores devem gozar de proteção adequada contra quaisquer atos atentatórios à liberdade sindical, no condizente à relação de emprego.

Para a obtenção do emprego, o empregador não poderá exigir do empregado que este venha a não se filiar a um sindicato ou a deixar de fazer parte dele. O trabalhador não poderá ser dispensado ou prejudicado em função de sua filiação ao sindicato ou de sua participação em atividades sindicais, fora do horário de trabalho ou com o consentimento do empregador, durante as mesmas horas.

As organizações de trabalhadores e de empregadores deverão gozar de proteção adequada contra quaisquer atos de ingerência ou intervenção de umas em outras, quer diretamente, quer por meio de seus representantes, em sua formação, funcionamento e administração.

> **ACORDO COLETIVO** ➜ *Sindicato dos Empregados X Empresa*
>
> ↓
>
> Instrumento normativo pactuado entre o sindicato da categoria profissional e uma ou mais empresas no âmbito das empresas acordantes.
>
> **CONVENÇÃO COLETIVA** ➜ *Sindicato dos Empregados X Sindicato Patronal*
>
> ↓
>
> Instrumento normativo pactuado entre sindicato da categoria profissional (dos trabalhadores) e o sindicato da categoria econômica (patronal), no âmbito das respectivas representações.
>
> **Acordo Coletivo e Convenção Coletiva podem durar no máximo 2 (dois) anos, podendo ser renovado por igual período.**

2. DISSÍDIO COLETIVO

É a medida judicial cabível quando infrutífero acordo ou convenção coletiva, conforme disposto no art. 856 da CLT. Este deverá ser instaurado diretamente no Tribunal competente.

Em caso de conflito de competência entre os Tribunais, quais sejam, o da 2ª Região em São Paulo, e o da 15ª Região em Campinas, o dissídio deverá ser instaurado no TRT de São Paulo na 2ª Região.

A categoria dos trabalhadores avulsos sempre deverá protocolar seu dissídio coletivo em Brasília, junto ao TST.

O prazo para instauração será dentro dos 60 dias anteriores ao término da convenção ou acordo coletivo. O início deste prazo é conhecido como data-base.

Se o funcionário for dispensado durante a data-base, sem justa causa, terá direito a um salário de indenização.

A legitimidade para instaurar o dissídio será da seguinte forma:

Legitimidade para Instauração do Dissídio Coletivo $\begin{cases} - \textbf{S} \text{ indicato} \\ - \textbf{E} \text{ mpresa} \\ - \textbf{M} \text{ PT} \end{cases}$

O procedimento de instauração de dissídio coletivo dar-se-á da seguinte maneira: 1) distribuição do dissídio deverá ser perante o TRT, momento em que as partes deverão ser chamadas de suscitante (autor) e suscitado (réu); 2) logo após deverá ser realizado a notificação do suscitado, inclusive podendo ser feita por telefone, ressalta-se ainda que não existe prazo mínimo entre a notificação e a primeira audiência; 3) deverá ser marcada uma audiência no prazo máximo de 10 dias contados da distribuição do dissídio, sendo que nesta audiência deverá ser apresentada a defesa sempre escrita; 4) será então proferida uma decisão chamada de sentença normativa.

De acordo com o parágrafo único do art. 868 da CLT, o prazo de validade da sentença normativa é de no máximo 4 (quatro) anos.

E desta sentença normativa, caberá Recurso Ordinário no prazo de 8 (oito) dias para o TST, conforme art. 895 da CLT.

A sentença normativa tem natureza constitutiva, ou seja, não pode ser executada, pois executa-se apenas a sentença condenatória.

Em caso de descumprimento da sentença normativa, caberá Ação de Cumprimento, prevista no art. 872 da CLT. Em desobediência da ação de cumprimento, pode requerer "astrente" (multa diária pelo descumprimento a uma ordem judicial).

A competência para distribuir a ação de cumprimento será sempre a Vara do Trabalho.

Capítulo 15
ORGANIZAÇÃO
SINDICAL

1. CONCEITO E CONSIDERAÇÕES IMPORTANTES DE SINDICATO

Sindicato é a associação de pessoas físicas ou jurídicas que têm atividades econômicas ou profissionais, visando a defesa dos interesses coletivos e individuais de seus membros ou da categoria. É uma associação espontânea entre as pessoas.

Trata-se de um órgão de natureza privada que tem como objetivo representar uma categoria econômica ou profissional. Essa representação poderá se dar judicialmente ou extrajudicialmente.

O sindicato é uma pessoa jurídica de direito privado, pois não pode haver interferência ou intervenção no mesmo, como bem preceitua o art. 8º, II, da Constituição Federal. Enfim, o Estado não interfere no Sindicato.

Insta salientar que o sindicato trata-se de um direito abstrato, uma vez que não qualifica e nem quantifica as partes. Haverá sempre categoria econômica (do empregador) em face de categoria profissional (do empregado).

2. UNICIDADE SINDICAL

Vale mencionar que o art. 8º, II da CF, determinou a unicidade sindical, ou seja, não é permitida a criação de mais de uma organização sindical na mesma base territorial, que não poderá ser inferior à área de um município. Os sindicatos podem ser municipais, intermunicipais, estaduais, interestaduais e nacionais.

Preceitua os arts. 511 a 610 da CLT que só poderá haver um sindicato por categoria na mesma base territorial, que não poderá ser inferior a área municipal.

A lei não poderá exigir autorização do Estado para a fundação de sindicato, ressalvado o registro no órgão competente (art. 8º, I, da CF). *O registro é feito no Ministério do Trabalho.*

2.1 ÓRGÃOS DO SINDICATO

O sindicato compõe-se de três órgãos: assembleia geral, diretoria e conselho fiscal. A saber:

1) *Diretoria:* será composta de um mínimo de três membros e um máximo de sete membros, entre os quais será eleito o presidente do sindicato.

2) *Conselho Fiscal:* será composto de no máximo três membros. Esses membros terão mandato de 3 anos. O conselho fiscal terá por competência a fiscalização da gestão financeira do sindicato.

3) *Assembleia Geral:* irá eleger os associados para representação da categoria, tomar e aprovar as contas da diretoria, aplicar o patrimônio do sindicato, julgar os atos da diretoria, quanto à penalidades impostas a associados, deliberar sobre as relações ou dissídios do trabalho, eleger os diretores e membros do conselho fiscal. São os associados do sindicato que decidem sobre a celebração de convenção coletiva. Deverá se reunir pelo menos uma vez ao ano.

3. ENTIDADES SINDICAIS DE GRAU SUPERIOR

Conforme preceitua o art. 533 da CLT, as entidades sindicais de grau superior são as federações e as confederações.

3.1 FEDERAÇÕES

As federações são entidades sindicais de grau superior organizadas nos Estados-membros. Poderão ser formadas desde que congreguem pelo menos cinco sindicatos, representando a maioria absoluta de um grupo de atividades.

As federações poderão celebrar convenções coletivas, acordos coletivos e instaurar dissídios coletivos.

3.2 CONFEDERAÇÕES

As confederações são entidades sindicais de grau superior de âmbito nacional. São constituídas de, no mínimo, *três federações*, tendo sede em Brasília, conforme art. 535 da CLT. Estas se formam por ramo de atividade (indústria, comércio, transportes, etc.).
Poderão celebrar convenções coletivas, acordos coletivos e instaurar dissídios coletivos.

3.3 CONSIDERAÇÕES RELEVANTES

A confederação é de eficácia nacional, a federação de eficácia estadual, enquanto o sindicato é de eficácia estadual. Assim sintetizamos:

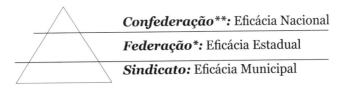

Confederação**: Eficácia Nacional
Federação*: Eficácia Estadual
Sindicato: Eficácia Municipal

* *Federação:* união de cinco Sindicatos
** *Confederação:* união de três Federações

Vale ainda ressaltar que as centrais sindicais apesar de receberem atribuição de representação da classe trabalhadora, não eram reconhecidas por nosso sistema constitucional, muito embora existam na prática; isto ocorre porque o sistema é confederativo, o que faz com que as centrais não sejam inclusas. Porém, a Medida Provisória nº 289 conferiu às centrais sindicais a natureza sindical. Ex.: Centrais Sindicais: CUT, CGT, FORÇA SINDICAL. Estas não possuem natureza sindical, não têm registro e são somente associação de pessoas.

3.4 ELEIÇÕES SINDICAIS

Preceitua o art. 529 da CLT que são requisitos cumulativos para se candidatar à Dirigente Sindical:
1) Ser maior de 18 anos.

2) Ser filiado ao Sindicato há mais de 6 meses.
3) Exercer função na empresa há no mínimo 2 anos.
4) Gozar de contrato de trabalho por prazo indeterminado.

3.5 FUNÇÕES ASSISTENCIAIS DO SINDICATO

São funções assistenciais do sindicato as abaixo elencadas:

a) Manter assistência judiciária ao associado, independentemente do salário que perceba, desde que comprove que sua situação econômica não lhe permite demandar sem prejuízo do sustento próprio ou da família. Essa assistência será prestada ainda que o trabalhador não seja sócio do sindicato.

b) Promover a fundação de cooperativas de consumo e de crédito e de fundar e manter escolas de alfabetização e pré-vocacionais.

c) Dar assistência nas rescisões dos empregados com mais de um ano de emprego e dos empregados estáveis demissionários.

d) Nas negociações coletivas é obrigatória a presença do Sindicato, na falta deste, os Entes superiores comparecem (Federação, e na falta desta, Confederação, na falta da Confederação, o MPT).

3.6 RECEITAS DO SINDICATO

Há duas espécies de receitas sindicais: facultativas e obrigatórias. As facultativas são as confederativas, assistenciais e mensalidade; já a obrigatória é a sindical. Sintetizando, teríamos:

CONTRIBUIÇÕES SINDICAIS	
	CONFEDERATIVA – art. 8º, IV da CF
FACULTATIVAS	ASSISTENCIAL – art. 513, e da CLT
	MENSALIDADE – art. 548, b da CLT
OBRIGATÓRIAS	SINDICAL – art. 8º, IV da CF

Vale ressaltar que a filiação do empregado ao Sindicato é facultativa. O aposentado poderá votar e ser votado.

4. CONTRIBUIÇÃO OBRIGATÓRIA

4.1 CONTRIBUIÇÃO SINDICAL

Corresponde a um dia de trabalho para os empregados (art. 580, I, CLT) e calculada sobre o capital da empresa, para os empregadores (art. 580, III, CLT). Para os trabalhadores autônomos e profissionais liberais toma-se por base um percentual fixo (art. 580, II, CLT).

Trata-se de uma contribuição compulsória, pois independe da vontade da pessoa em querer contribuir (art. 545 da CLT), uma vez que mesmo o não filiado terá que pagar (art. 8º, III da CF)

A natureza dessa contribuição é tributária (art. 217, I, CTN), onde os empregadores são obrigados a descontar a contribuição sindical da folha de pagamento de seus empregados relativa ao mês de março de cada ano.

Os profissionais liberais poderão optar pelo pagamento da contribuição sindical unicamente à entidade sindical representativa, e para isso é preciso que exerçam, efetivamente, na firma ou empresa, a profissão e como tal sejam nela registrados (art. 585 da CLT).

Deverão as empresas recolher sua contribuição sindical no mês de janeiro de cada ano. As empresas que forem constituídas após o mês de janeiro deverão recolher a contribuição na ocasião em que requererem o início de suas atividades na repartição de registro competente (art. 587 da CLT).

Do recolhimento da contribuição sindical há necessidade de sua repartição entre as entidades que compõem o sistema confederativo, que se dá da seguinte forma:

REPARTIÇÃO DA RECEITA DA CONTRIBUIÇÃO SINDICAL	
PORCENTAGEM A SER DESTINADA	ÓRGÃO ARRECADADOR
5%	Confederação
15%	Federação
60%	Sindicato
20%	União

Para Facilitar o Direito

5. CONTRIBUIÇÃO FACULTATIVA

5.1 CONTRIBUIÇÃO CONFEDERATIVA

A contribuição confederativa serve para custear o sistema confederativo da representação sindical patronal ou profissional. Prescreve o inciso IV, do art. 8º da Constituição que: "a assembleia geral fixará a contribuição que, em se tratando de categoria profissional, será descontada em folha, para custeio do sistema confederativo da representação sindical respectiva, independentemente da contribuição prevista em lei".

Trata-se de uma obrigação consensual, em razão de depender da vontade da pessoa que irá contribuir, inclusive participando da assembleia geral na qual ela será fixada, pois é a assembleia que irá fixar o valor da contribuição. É facultativa, exceto se prevista em acordo ou convenção coletiva. Será fixada na assembleia geral do sindicato, pois a federação e a confederação não têm assembleia geral.

O objeto da contribuição confederativa não é o de custear o sistema sindical, mas o confederativo, do qual fazem parte os sindicatos, federações e confederações.

5.2 CONTRIBUIÇÃO ASSISTENCIAL

É também denominada de taxa assistencial, taxa de reversão, contribuição de solidariedade ou desconto assistencial. Consiste num pagamento feito pela pessoa pertencente à categoria, em virtude da participação nas negociações coletivas, de ter incorrido em custos para esse fim, ou para pagar determinadas despesas assistenciais realizadas pela agremiação. É facultativa, exceto se prevista em acordo ou convenção coletiva.

É encontrada nas sentenças normativas, acordos e convenções coletivas, visando custear as atividades assistenciais do sindicato, principalmente pelo fato de o sindicato ter participado das negociações para obtenção de novas condições de trabalho para a categoria, e compensar a agremiação com os custos incorridos naquela negociação.

5.3 MENSALIDADE

Como bem dispõe o art. 548, *b*, da CLT, apenas os afiliados que pagam mensalidade, pois se beneficiam dos serviços prestados pelo sindicato, através de atendimento médico, odontológico, assistência judiciária, entre outros.

Sua previsão está baseada no estatuto de cada entidade sindical. O pagamento será facultativo, salvo se houver disposição contrária em acordo ou convenção coletiva.

6. *LOCKOUT*

Lockout significa que é vedada a paralisação das atividades, por iniciativa do empregador, com o objetivo de frustrar negociação ou dificultar atendimento de reivindicações dos respectivos empregados, como bem dispõe o art. 17 da CLT. *É proibido no Brasil, e não há nenhuma exceção.*

Dispõe ainda o art. 17, parágrafo único, que o *lockout* assegura aos trabalhadores o direito à percepção dos salários durante o período de paralisação.

O direito à greve está previsto no art. 7º da CF, sendo direito conferido a todos trabalhadores. Esta deverá ser avisada com antecedência de 48 horas quando do trabalho normal, e 72 horas quando do trabalho essencial.

Capítulo 16
PRINCIPAIS MULTAS PREVISTAS NA JUSTIÇA DO TRABALHO

1. PRELIMINARES

A Justiça do Trabalho impõe determinadas multas, caso haja descumprimento de algum preceito legislativo, judicial ou executivo, a fim de promover a efetivação da justiça. Analisaremos a seguir as principais delas.

2. MULTA DO ART. 477, § 8º DA CLT

Essa multa se aplica para o caso de a empresa não efetuar o pagamento das verbas rescisórias no seguinte prazo:

– até o 1º dia útil imediato ao término do contrato (aviso trabalhado).

– até o 10º dia após a demissão se o aviso foi indenizado.

Vale mencionar que não existe o aviso prévio cumprido em casa. Se isso correr, entende-se que houve aviso prévio indenizado, e as verbas devem ser pagas até o 10º dia após a demissão. Esse entendimento encontra-se sedimentado na OJ 14 SDI-I TST.

3. MULTA DO ART. 467 DA CLT

Menciona o art. 467 da CLT que as verbas rescisórias incontroversas devem ser quitadas até a data da audiência, sob pena de sofrer a multa de 50%.

4. MULTA DO ART. 479 DA CLT

Nos contratos por prazo determinado, sendo o empregado demitido, sem justa causa, antes do término do prazo e não haja a cláusula assecuratória de rescisão antecipada (aviso prévio – art. 481 CLT), o empregador pagará indenização de metade da remuneração a que teria direito o empregado até o término do contrato.

5. MULTA DE 40% SOBRE OS DEPÓSITOS DO FGTS

O empregado que é demitido, sem justa causa, e desde que o contrato seja por prazo indeterminado, terá direito à multa de 40% sobre os depósitos existentes na conta vinculada, conforme dispõe o art. 18, § 1º da Lei 8.036/90.

Algumas observações relevantes deverão ser realizadas acerca dessa multa:

1) – A multa incide inclusive sobre saques ocorridos na vigência do contrato de trabalho. Não incide a multa sobre o aviso prévio indenizado (OJ 42 da SDI-I do TST).

2) – A doméstica somente perceberá o FGTS caso o empregador tenha feito os depósitos, pois para os domésticos o recolhimento é facultativo (art. 1º do Decreto 3.361/2000, porém não tem direito a multa de 40%). Assim somente receberá o seguro-desemprego se receber os depósitos do FGTS e ter trabalhado por um período mínimo de 15 meses nos últimos 24 meses (art. 3º do Decreto 3.361/2000).

3) – A aposentadoria espontânea extingue o contrato de trabalho, mesmo se o empregado continua a trabalhar na empresa após a aposentadoria com o mesmo registro na carteira. Assim, é indevida a multa de 40% do FGTS em relação ao período anterior à aposentadoria (OJ 177 da SDI-I do TST).

6. INDENIZAÇÃO ADICIONAL

O empregado dispensado, sem justa causa, no período de 30 dias antes da data de sua correção salarial, terá direito à indenização equivalente a um salário mensal (art. 9º da Lei 7.238/84).

Direito Material e Processual do Trabalho

Segue duas observações relevantes acerca do tema:

1) – O aviso prévio trabalhado e indenizado conta-se para o efeito de indenização, conforme Súmula 182 do TST. Assim, se computarmos o aviso prévio e este cair na data após a data de correção, a empresa fica dispensada de pagar indenização.

2) – Mesmo que a empresa pague as verbas rescisórias com o valor do salário corrigido ainda assim terá que pagar a indenização pelo fato de ter demitido o empregado no período de 30 dias antes da data-base (Súmula 314 do TST).

Capítulo 17
ÓRGÃOS DA JUSTIÇA DO TRABALHO

1. PRELIMINARES

Dispõe o art. 111 da Constituição Federal que são órgãos da Justiça do Trabalho, o Tribunal Superior do Trabalho, os Tribunais Regionais do Trabalho e os Juízes do Trabalho. Vale ressaltar que o STF não faz parte da estrutura da Justiça do Trabalho, mas é utilizado em alguns casos determinados. Passemos a analisar cada órgão em específico.

2. TRIBUNAL SUPERIOR DO TRABALHO (TST)

O Tribunal Superior do Trabalho é o órgão de cúpula da Justiça do Trabalho, com sede em Brasília e jurisdição em todo território nacional.

É composto de 27 Ministros, togados e vitalícios, brasileiros com mais de 35 e menos de 65 anos, e são nomeados pelo Presidente da República, como dispõe o art. 111-a da CF. Sua composição se dá por juízes de carreira, advogados, e membros do Ministério Público do Trabalho – onde se respeita a regra do quinto constitucional.

Funciona junto com o Tribunal Superior do Trabalho a *Escola Nacional de Formação e Aperfeiçoamento de Magistrados do Trabalho* e o *Conselho Superior da Justiça do Trabalho* (art. 111, § 2º da Constituição Federal).

3. TRIBUNAL REGIONAL DO TRABALHO (TRT)

O Tribunal Regional do Trabalho é composto por no mínimo sete Juízes do Trabalho, advogados e membros do Ministério Público do Trabalho

Para Facilitar o Direito

com mais de 30 e menos de 65 anos e são nomeados pelo Presidente da República, e respeitam a regra do quinto constitucional (art. 115 da CF).

O art. 115 da Constituição Federal trouxe a inovação da Justiça Itinerante e das Câmaras Regionais. A *Justiça Itinerante* serve para realizar audiências e demais funções jurisdicionais, nos limites territoriais da respectiva jurisdição. Já as *Câmaras Regionais* permitem que os TRTs funcionem descentralizadamente, funcionando, principalmente, nas localidades onde não há TRT.

4. JUÍZES DO TRABALHO

Os Juízes do Trabalho atuam nas Varas do Trabalho, onde a jurisdição é singular, como bem preceitua o art. 116 da Constituição Federal. Cabe ao TRT, no âmbito de sua região, mediante ato próprio, alterar e restabelecer a jurisdição das Varas do Trabalho, bem como transferir a sede de um município para outro.

Nas comarcas onde não houver Vara do Trabalho a jurisdição será atribuída aos Juízes de Direito (art. 112 da CF), cessando-se, porém, essa competência assim que instalado Vara do Trabalho no local; mesmo que o processo já esteja em fase de execução, transferindo-se essa competência.

Vale ressaltar que a EC 24/99 extinguiu a junta de conciliação e julgamento formada por três juízes (um togado e dois classistas), não subsistindo a jurisdição colegiada e partidária.

146

Capítulo 18
COMPETÊNCIA DA JUSTIÇA DO TRABALHO

1. PRELIMINARES: CONCEITO DE JURISDIÇÃO E COMPETÊNCIA

A jurisdição, segundo Renato Saraiva (*Direito Processual do Trabalho*, 4ª ed, p. 66) é o poder-dever do Estado de prestar a tutela jurisdicional a todo aquele que tenha uma pretensão resistida por outrem, aplicando a regra jurídica à celeuma. Já competência é a medida da jurisdição, ou seja, é a determinação da esfera de atribuições dos órgãos encarregados da função jurisdicional.

2. CRITÉRIOS DE FIXAÇÃO DE COMPETÊNCIA

Diversos são os critérios utilizados a fim de determinar a competência, ou seja, leva-se em conta: a matéria (*ratione materiae*), as pessoas (*ratione personae*), a função (*ou hierarquia*) ou o território (*ratione loci*).

2.1 COMPETÊNCIA EM RAZÃO DA MATÉRIA E DA PESSOA

É definida em razão da natureza da lide, ou seja, diz respeito ao tipo de questões que podem ser suscitadas na Justiça do Trabalho.

2.2 INTERPRETAÇÕES DO ART. 114 DA CONSTITUIÇÃO FEDERAL

A competência em razão da matéria sofreu grande elasticidade com a EC 45/2004, o que tornou de suma importância o tema, e que nos

Para Facilitar o Direito

leva à promoção da análise das principais alterações do art. 114 da Constituição Federal, a saber:

a) Ações oriundas da relação de trabalho: com a EC 45/2004, além das ações relacionadas à relação de emprego, a Justiça do Trabalho é competente para analisar outras controvérsias decorrentes da relação de trabalho em sentido amplo (art. 114, I, CF). Assim, agora, a Justiça do Trabalho não é competente apenas para analisar as ações de trabalhador avulso e pequena empreitada, mas também as ações de trabalhador autônomo, trabalhador eventual, parceiros, meeiros, arrendatários, etc., exceto as relações de consumo. Nesse sentido:

COMPETÊNCIA DA JUSTIÇA DO TRABALHO. EC Nº 45/2004. AÇÃO SOBRE COBRANÇA DE HONORÁRIOS ADVOCATÍCIOS. ART. 114, INC. I, DA CR. RELAÇÃO DE TRABALHO. A prestação de serviço por profissionais liberais é espécie do gênero relação de trabalho, abrangida no art. 114, inc. I, da CR, por isso é da competência da Justiça do Trabalho as causas que dela decorrem. (TRT 12ª Região – 3ª Turma – Acórdão 9473/2007 – Juíza Mari Eleda Migliorini – Publicado no TRTSC/DOE em 27-11-2007).

COMPETÊNCIA DA JUSTIÇA DO TRABALHO. O inc. I do art. 114 da CRFB/1988, acrescentado pela Emenda Constitucional nº 45/2004 – com a interpretação conforme à Constituição definida pelo Supremo Tribunal Federal em sede de liminar na Ação Direta de Inconstitucionalidade nº 3395-6, dispõe que, excetuadas as causas instauradas entre o Poder Público e o servidor que lhe seja vinculado por relação jurídico-estatutária, é competente a Justiça do Trabalho para processar e julgar as ações oriundas da relação de trabalho, inclusive aquelas em que figurem os entes de direito público externo e da administração pública direta e indireta da União, dos Estados, do Distrito Federal e dos Municípios. (TRT 12ª Região – DOE 28.11.2007 – Acórdão nº 10479/2007 3ª Turma – Juiz Gilmar Cavalheri).

Direito Material e Processual do Trabalho

b) Trabalhadores dos entes de direito público externo e da administração pública direta e indireta da União, dos Estados, do Distrito Federal e dos Municípios: diz respeito aos trabalhadores empregados pelo regime da CLT e os estatutários, porque o inciso I diz ações oriundas da relação de trabalho.

Vale ressaltar que a Súmula 363 do TST, que dispõe sobre os efeitos do contrato nulo, enfatizou que a contratação de servidor público, após a Constituição Federal de 1988, sem prévia aprovação em concurso público, encontra óbice no respectivo art. 37, II e § 2º, somente lhe conferindo direito ao pagamento da contraprestação pactuada, em relação ao número de horas trabalhadas, respeitado o valor da hora do salário mínimo, e dos valores referentes ao depósito do FGTS.

c) Processar e julgar ações sobre representação sindical, entre sindicatos, entre sindicatos e trabalhadores, e entre sindicatos e empregadores: pela nova redação do artigo com a Emenda nº 45, o inciso III permite ações dos sindicatos em causa própria.

d) Ações de indenização por dano moral ou patrimonial, decorrentes do trabalho: previsto no inciso VI e na Súmula 392 do TST, sendo que esta última aduz que nos termos do art. 114 da CF/1988, a Justiça do Trabalho é competente para dirimir controvérsias referentes à indenização por dano moral, quando decorrente da relação de trabalho.

Quando o acidente de trabalho acarretar dano moral, este deverá ser requerido na Justiça do Trabalho, e, no que tange ao acidente, deverá ser suscitado na vara especializada. São ações independentes entre si. Neste sentido, segue entendimento jurisprudencial:

Danos morais e patrimoniais decorrentes de acidente de trabalho. Competência em razão da matéria alterada pela Emenda Constitucional 45/04. A controvérsia acerca da competência para julgar pleito de indenização por dano moral e material resultante do acidente de trabalho foi pacificada após a decisão do Pleno do Supremo Tribunal Federal, proferida nos autos do Conflito de Competência 7204/MG, relatado pelo Ministro Carlos

Ayres Britto, concluindo pela competência da Justiça do Trabalho para processar e julgar essas hipóteses. Exege-se da nova redação do art. 114 da Constituição Federal. (TRT 2ª Região – Acórdão nº 20070561243 – 10ª Turma – Juiz Relator José Ruffolo – Publicado no DOE/SP em 10.07.2007).

"**RECURSO DE REVISTA DO RECLAMANTE. ACIDENTE DE TRABALHO. COMPETÊNCIA DA JUSTIÇA DO TRABALHO. PROVIMENTO.** O pedido de indenização por danos morais e materiais, tendo como causa de pedir a ocorrência de acidente de trabalho, atrai a competência para a Justiça do Trabalho, já que decorrente da relação de trabalho havida entre as partes. Recurso de revista provido. Brasília, 7 de março de 2007 (TST, PROC. Nº RR – 63701/2002-900-05-00, 6ª Turma – **Ministro ALOYSIO CORRÊA DA VEIGA**, Relator, DJ-23.03.2007).

e) Ações relativas às penalidades administrativas impostas aos empregadores pelos órgãos de fiscalização: com a Emenda 45 a Justiça do Trabalho é competente para analisar as ações onde o empregador foi autuado pela fiscalização do Ministério do Trabalho (art. 114, VII, CF). Desta forma, agora é possível impetrar mandado de segurança na Vara do Trabalho, mas apenas para esses processos de penalidades ao empregador pela fiscalização.

f) Executar as contribuições sociais previstas no art. 195, I, "a" e II, da CF: são as contribuições previdenciárias das sentenças trabalhistas e serão executadas nos próprios autos pela Justiça do Trabalho (art. 114, VIII, CF).

g) Dissídio coletivo: com a Emenda 45/2004, em caso de greve em atividade essencial com possibilidade de lesão do interesse público, o Ministério Público também tem competência para ajuizar dissídio coletivo na Justiça do Trabalho (art. 114, § 3º, CF).

Direito Material e Processual do Trabalho

2.3 INCOMPETÊNCIA MATERIAL DA JUSTIÇA DO TRABALHO

A Justiça do Trabalho, mesmo após a EC 45/2004, continua sendo incompetente para julgar as ações decorrentes de:

a) Acidentes do Trabalho em face do INSS (art. 109, I, CF): onde a competência é deslocada para a Justiça Comum.

b) Previdência Social: onde a competência é deslocada para a Justiça Federal ou Justiça Comum para pedidos de benefícios previdenciários.

c) Funcionário Público Estatutário: a competência é da Vara da Fazenda Pública (quando o funcionário público for estadual), ou da Justiça Federal (quando o funcionário público for de competência da esfera federal).

d) Eleições Sindicais: a competência é da Justiça Comum.

2.3 COMPETÊNCIA EM RAZÃO DO TERRITÓRIO

É também denominado em razão do lugar. É aquela fixada para delimitar o local onde a ação deverá ser proposta. Sintetizando, a fim de determinar esse tipo de competência, deve-se observar as seguintes regras:

a) Local da prestação de serviços (art. 651, caput, da CLT): é a regra geral da competência territorial.

b) Agente ou viajante (art. 651, § 1º, da CLT): deve propor ação perante a Vara do Trabalho da agência ou filial a que esteja subordinado. Em caso contrário, na Vara do seu domicílio ou a localidade mais próxima.

c) Empregados que trabalham no exterior (art. 651, § 2º, da CLT): poderá propor ação no local da sede da empresa no Brasil, desde que o empregado seja brasileiro e não haja convenção internacional dispondo em contrário.

d) Local da prestação de serviços ou da contratação (foro optativo do art. 651, § 3º, da CLT): em se tratando de empregador que desenvolve atividades em locais diversos é facultado ao empregado propor a ação no local da contratação ou da prestação dos serviços.

151

2.4 COMPETÊNCIA FUNCIONAL

A competência funcional diz respeito acerca da função debruçada pelos magistrados na Justiça do Trabalho, ou seja, determinar se a competência é da Vara do Trabalho (arts. 652, 653 e 659 todos da CLT), do Tribunal Regional do Trabalho (arts. 678 e 680 ambos da CLT), ou do Tribunal Superior do Trabalho (Lei nº. 7.701/1988).

2.5 FORO DE ELEIÇÃO

No direito do trabalho inexiste o chamado foro de eleição ou contratual (aquele que as partes, livremente, escolhem para a propositura das ações oriundas de direitos e obrigações). Porém para trabalhadores o foro de eleição é totalmente cabível. Art. 111 do CPC.

Capítulo 19
CARACTERÍSTICAS DO PROCESSO DO TRABALHO

1. CARACTERÍSTICAS DO PROCESSO DO TRABALHO

O Processo do Trabalho possui determinadas características que são inerentes à condição peculiar que esse tipo de processo enseja. Analisaremos cada uma delas a seguir:

1.1 CELERIDADE

As questões trabalhistas devem ser resolvidas de forma rápida, pois envolvem problemas salariais, que constitui no único meio de sobrevivência do trabalhador e sua família.

1.2 ORALIDADE

Os atos praticados no processo do trabalhador são eminentemente orais e praticados em audiência. Os atos orais se dão da seguinte forma:
– 20 minutos para aduzir a defesa (art. 847 da CLT).
– Depoimentos pessoais.
– Oitiva de testemunhas.
– 10 minutos para as partes aduzirem razões finais (art. 850 da CLT).

1.3 CONCENTRAÇÃO

Os atos processuais mais relevantes deverão, sempre que possível, ser realizados em audiência (presença das partes, tentativas de conciliação, oitiva das partes e suas testemunhas e a própria decisão).

1.4 IRRECORRIBILIDADE DAS DECISÕES INTERLOCUTÓRIAS

As decisões proferidas pelo órgão jurisdicional no curso do processo não são recorríveis, podendo a parte levantar a questão somente no recurso que couber da sentença.

Vale ressaltar que no processo do trabalho não cabe agravo de instrumento contra decisões interlocutórias.

1.5 JUS POSTULANDI

A previsão legal desse dispositivo está mencionada no art. 791 da CLT. Os empregados e os empregadores poderão reclamar pessoalmente perante a Justiça do Trabalho e acompanhar as suas reclamações até o final (que se entende ser até o TST).

Consiste no direito que o empregador e o empregado possuem de postular em Juízo sem a necessidade de estarem assistidos por advogados.

Devido ao *jus postulandi* é que inexiste o instituto da sucumbência em relação aos honorários advocatícios na Justiça do Trabalho. A exceção ocorre se a parte estiver representada pelo advogado do sindicato e comprovar a percepção de salário inferior ao dobro do salário mínimo ou encontrar-se em situação econômica que não lhe permita demandar sem prejuízo do próprio sustento ou da respectiva família (conforme preceitua a Súmula 219 do TST e a OJ 305 da SDI-I do TST). Outra exceção, prevista pela EC 45/2004, ocorre quando nas ações que não tenham por objeto a relação de emprego são devidos os honorários advocatícios pela mera sucumbência (art. 5º da I.N. 27 do TST).

1.6 NATUREZA CONCILIATÓRIA

O juiz deve medir esforços no sentido de conseguir a conciliação/acordo em duas oportunidades, como bem preceitua os arts. 846 e 850 da CLT:

a) antes da apresentação da defesa;

b) depois de encerrada a instrução e antes de proferir julgamento.

1.7 DECLARAÇÃO DE NULIDADES

No processo trabalhista as nulidades só ocorrerão se delas resultar manifesto prejuízo às partes.

Preceitua o art. 794 da CLT que nos processos sujeitos à apreciação da Justiça do Trabalho só haverá nulidade quando resultar dos atos inquinados manifesto prejuízo às partes litigantes, ou seja, as nulidades no processo do trabalho devem ser suscitadas pelas próprias partes, devendo arguí-las na primeira vez em que tiverem de falar em audiência ou nos autos.

O art. 795 da CLT ainda menciona que as nulidades não serão declaradas senão mediante provocação das partes, as quais deverão arguí-las à primeira vez em que tiverem de falar em audiência ou nos autos, isto quer dizer que só excepcionalmente as nulidades devem ser arguidas ou proclamadas *ex officio*. (Ex.: incompetência em razão da matéria ou nulidade de citação).

1.8 APLICAÇÃO SUBSIDIÁRIA DO CÓDIGO DE PROCESSO CIVIL

Preceitua o art. 769 da CLT que nos casos omissos, o direito processual comum será fonte subsidiária do direito processual do trabalho, exceto naquilo em que for incompatível com as normas elencadas. Sendo assim, dois são os requisitos para a aplicação subsidiária do Código de Processo Civil, quais sejam:

– Omissão da legislação trabalhista.

– Compatibilidade da norma processual civil com os Princípios Gerais do Processo do Trabalho.

Vale ressaltar que na fase da execução aplica-se subsidiariamente a lei de execução fiscal (Lei nº 6.830/80), com bem preceitua o art. 889 da CLT.

1.9 PRAZOS PROCESSUAIS

No processo trabalhista, conta-se o prazo processual excluindo-se o dia do começo, incluindo-se o do vencimento, salvo se este cair em domingo, feriado ou em dia que não houver expediente na Justiça, como menciona o art. 775 da CLT.

A Súmula 262 do TST faz menção de que intimada ou notificada a parte no sábado, o início do prazo se dará no primeiro dia útil imediato e a contagem, no subsequente. Ainda pela Súmula 16 do TST a notificação (citação) presume-se recebida em 48 horas depois da sua postagem.

Quando apresentada exceção de incompetência, terá o excepto vista dos autos por 24 horas, devendo a decisão sobre a exceção ser proferida na audiência seguinte (art. 800 da CLT).

O prazo para os recursos trabalhistas é de 8 dias (recurso ordinário, recurso de revista, agravo de petição, agravo de instrumento e embargos para o Pleno do TST); devendo-se ressaltar que para a Fazenda Pública o prazo para o recurso é em dobro (art. 1º do Decreto-lei nº 779/69).

As custas processuais na fase de conhecimento são pagas pelo vencido no valor de 2% e devem ser pagas no mesmo ato da interposição do recurso (art. 789 da CLT). Na fase de execução as custas são pagas ao final do processo (art. 789-A da CLT).

Transitada em julgado a decisão, o executado terá 48 horas para garantir o Juízo (art. 880 da CLT), sendo que penhorados os bens o executado terá 5 dias para opor embargos à execução (art. 884 da CLT). No caso dos entes públicos, o prazo é de 30 dias (Medida Provisória 2.180/01).

No inquérito judicial na ocorrência de suspensão do empregado dirigente sindical estável, terá o empregador 30 dias para propor a ação (art. 853 da CLT). Esse prazo é decadencial.

Por fim, as ações rescisórias devem ser propostas em até 2 anos, a contar do trânsito em julgado da decisão (art. 836 da CLT c/c art. 495 do CPC). Esse prazo é decadencial.

1.10 PRESCRIÇÃO TRABALHISTA

Há diversas prescrições do Direito do Trabalho, entre elas podemos destacar a prescrição bienal e a prescrição quinquenal.

1.11 PRESCRIÇÃO BIENAL OU NUCLEAR OU TOTAL

É aquela que determina que só se pode ajuizar reclamação trabalhista após 2 anos da extinção do contrato de trabalho, a contar da homologação da rescisão do contrato de trabalho.

1.12 PRESCRIÇÃO QUINQUENAL

Somente recebe direitos dos últimos 5 anos a partir do ajuizamento da reclamação (art. 7º, XXIX, CF e Súmula 308 do TST). Retroage 5 anos. A prescrição deve ser alegada na fase ordinária, ou seja, até o Recurso Ordinário (Súmula 153 do TST); no entanto, o juiz poderá alegá-la de ofício (Lei nº. 11.280/2006).

Algumas observações relevantes acerca do tema:

1) – A prescrição do direito de reclamar não recolhimento de FGTS é trintenária, porém a ação deve ser proposta em 2 anos.

2) – As ações para reconhecimento de vínculo são imprescritíveis (art. 11, § 1º da CLT).

3) – Não corre prescrição contra menor de 18 anos (art. 440 da CLT). O prazo começa a contar a partir de sua maioridade.

Capítulo 20
DA COMISSÃO DE CONCILIAÇÃO PRÉVIA E ARBITRAGEM

1. COMISSÃO DE CONCILIAÇÃO PRÉVIA

O objetivo da Comissão de Conciliação Prévia (CCP) (art. 625-*a*) é promover a conciliação dos conflitos individuais do trabalho, sem necessidade de acesso ao Judiciário. A CCP não é obrigatória, mas sim facultativa (art. 625-*d*), ou seja, existe a possibilidade do conflito ser resolvido na própria empresa, sem necessidade de acesso ao Judiciário, solucionando o conflito de forma mais rápida.

1.2 REGRAS DA COMISSÃO DE CONCILIAÇÃO PRÉVIA

A CCP segue as seguintes regras abaixo aduzidas para a sua composição:

a) Podem ser instituídas por empresas e sindicatos com composição paritária (art. 625-*a* da CLT). Mínimo três pessoas jurídicas do mesmo ramo.

b) No âmbito da empresa será composta de, no mínimo, dois e no máximo dez membros (art. 625-*b* da CLT). Membros do sindicato dos empregados e dos empregadores.

c) O mandato de seus membros, titulares e suplentes, é de um ano, sendo permitida uma recondução (art. 625-*b*, III, CLT).

d) É vedada a dispensa dos representantes dos empregados, até um ano após o final do mandato, salvo se cometerem falta grave (625-*b*, III, § 1º,CLT).

1.3 PROCEDIMENTO DA COMISSÃO DE CONCILIAÇÃO PRÉVIA

A Comissão de Conciliação Prévia segue o procedimento abaixo elencado como forma de solucionar o conflito sem necessidade de acesso ao Judiciário; são procedimentos:

a) *O termo de conciliação é título executivo extrajudicial* e terá eficácia liberatória geral (art. 625-*e*, parágrafo único da CLT);

b) As Comissões têm prazo de 10 dias para a realização da *sessão de tentativa de conciliação* a partir da provocação (art. 625-*f* da CLT). A primeira reunião ocorrerá no prazo de 10 dias após a rescisão do contrato. O prazo para a segunda reunião é de 30 dias. No intervalo entre a primeira e a segunda reunião, a CCP entra em contato com o empregador para verificar se os direitos alegados pelo empregado são verídicos. Realizado acordo na segunda reunião, o empregado fica vedado a procurar a Justiça do Trabalho.

c) O prazo de prescrição será suspenso a partir da provocação da Comissão, recomeçando a fluir a partir da tentativa frustrada de conciliação ou esgotamento do prazo (art.625-*g* da CLT).

2. ARBITRAGEM

É uma forma de solução de um conflito, feita por um terceiro estranho à relação das partes, que é escolhido por estas, sendo uma forma voluntária de solução do conflito. Esta forma de solução de conflito está prevista na Lei n°. 9.307/06.

A sentença arbitral não fica sujeita a recursos ou a homologação pelo Poder Judiciário (art. 18 da Lei n°. 9.307/96), possui eficácia de título executivo judicial conforme art. 584, VI, do CPC, podendo, assim, ser executada, se não cumprida. Porém, a lei de arbitragem não está ligada à CLT, portanto, uma vez feito o acordo, nada impede o posterior acesso à Justiça.

A Arbitragem permite apenas a negociação de bens disponíveis. Não há incidência de INSS e IR.

O acordo é permitido, porém, não se admite pagamento diverso daquele apurado como devido ao empregado, fato este que a diferencia da Comissão de Conciliação Prévia.

Capítulo 21
DOS RITOS E DOS PROCEDIMENTOS TRABALHISTAS

1. RITOS TRABALHISTAS

O Processo do Trabalho possui três ritos, a saber:

1) – Rito de Alçada (Dissídios de Alçada ou Rito Sumário): é aquele cujo valor da causa não exceda 2 (dois) salários mínimos, como dispõe o art. 2º, da Lei 5.584/70. Em regra, nesse rito não cabe qualquer recurso; salvo se tratar de matéria constitucional, momento que caberá Recurso Extraordinário endereçado ao STF.

2) – Rito Sumaríssimo: é aquele cujas causas não ultrapassem o valor de até 40 (quarenta) salários mínimos. O valor é certo e determinado e todos os pedidos deverão ser certos e determinados. Não existe citação por edital.

3) – Rito Ordinário: é aquele cujas causas excedam a 40 (quarenta) salários mínimos, e/ou todas as demais que não se encaixem nos ritos de alçada e sumaríssimo.

2. PROCEDIMENTO ORDINÁRIO

O procedimento ordinário, previsto no art. 840, § 1º da CLT, segue as seguintes fases:

PETIÇÃO INICIAL:
– Valor da causa cujo valor ultrapasse 40 (quarenta) salários mínimos e seja a ação de dissídio individual.

– A reclamação poderá ser escrita ou verbal e sendo escrita deverá conter a designação da Vara, a qualificação das partes, uma breve exposição dos fatos, o pedido, a data e a assinatura (art. 840 da CLT); vale mencionar que difere do art. 282 do CPC que diz fatos e fundamentos jurídicos e o pedido com suas especificações.

CITAÇÃO:
– Poderá ser feita em registro postal, oficial de Justiça e edital (art. 841 da CLT).

AUDIÊNCIA:
– Deverá ser una ou dividida em inicial e instrução.

– Ausência do reclamante e do reclamado; se o reclamante faltar em audiência una ou inicial ocorrerá o arquivamento. Se a reclamada faltar em audiência una ou inicial ocorrerá a revelia. Se faltarem em audiência de instrução ocorrerá a confissão.

– Preposto da empresa (art. 843, § 1º, CLT e Súmula 377 do TST); o preposto deve ser empregado da empresa que saiba dos fatos, mas se a reclamação for de doméstico o preposto pode ser qualquer pessoa que saiba dos fatos.

– Vale ressaltar que o atestado médico para não configurar revelia, deve dispor que houve impossibilidade de locomoção, como bem dispõe a Súmula 122 do TST.

PROVA TESTEMUNHAL:
– Cada parte pode indicar até três testemunhas, exceto no inquérito que pode indicar até seis testemunhas (art. 821 da CLT).

– As que não comparecerem serão intimadas (art. 825 da CLT).

– No processo do trabalho não há necessidade de arrolar testemunhas.

SENTENÇA:
– Deve conter o relatório, fundamentação e a parte dispositiva (art. 832 da CLT).

RECURSO ORDINÁRIO:
– Após a distribuição no Tribunal passa pelo relator e revisor, sem prazo determinado para liberação.

Direito Material e Processual do Trabalho

RECURSO DE REVISTA:
– Caberá em todas as hipóteses das alíneas *a*, *b* e *c* do art. 896 da CLT.

3. PROCEDIMENTO SUMARÍSSIMO

O procedimento sumaríssimo, previsto nos arts. 852-*a* a 852-I, segue as seguintes fases:

PETIÇÃO INICIAL:
– Valor da causa cujo valor não ultrapasse 40 (quarenta) salários mínimos, ficando excluídas as demandas em que é parte a Administração Pública direta, autárquica e fundacional (art. 852-*a* da CLT).
– O pedido deve ser certo ou determinado e indicará o valor correspondente (art. 852-*b*, I, CLT).

CITAÇÃO:
– Não se fará citação por edital (art. 852-*b*, II, da CLT); não cumprido pelo autor o requisito do pedido e da correta localização do reclamado, a reclamação será arquivada.

AUDIÊNCIA:
– Deverá ser una ou dividida em inicial e instrução (art. 852-*c* da CLT).
– Ausência do reclamante e do reclamado; se o reclamante faltar em audiência una ou inicial ocorrerá o arquivamento. Se a reclamada faltar em audiência una ou inicial ocorrerá a revelia. Se faltarem em audiência de instrução ocorrerá a confissão.
– Preposto da empresa (art. 843, § 1º, CLT e Súmula 377 do TST); o preposto deve ser empregado da empresa que saiba dos fatos, mas se a reclamação for de doméstico o preposto pode ser qualquer pessoa que saiba dos fatos.
– Como já mencionado no rito ordinário, também nesse rito se faz necessário, para elidir a revelia, que o atestado médico mencione que há impossibilidade de locomoção, como dispõe a Súmula 122 do TST.

PROVA TESTEMUNHAL:

– Cada parte pode indicar até duas testemunhas (art. 852-*h*, § 2º, CLT);

– As que não comparecerem somente serão intimadas se a parte comprovar que a testemunha foi convidada (art. 852-*h*, § 3º, CLT).

– No Processo do Trabalho não há necessidade de arrolar testemunhas.

SENTENÇA:

– Dispensado o relatório (art. 852-*i* da CLT).

RECURSO ORDINÁRIO:

– Após a distribuição no Tribunal, passa apenas pelo relator, que deverá liberá-lo no prazo máximo de 10 dias.

RECURSO DE REVISTA:

– Só cabe por contrariedade a Súmula de jurisprudência uniforme do TST e violação direta da Constituição Federal (art. 896, § 6º, CLT).

4. PROCEDIMENTO SUMÁRIO

O procedimento sumário é aquele, como dito anteriormente que não excede dois salários-mínimos quando da fixação do valor da causa. A diferença desse rito para os demais, consiste no que tange à possibilidade de se dispensar o resumo dos depoimentos, bem como não propiciar qualquer recurso à parte; salvo se houver afronta constitucional nas matérias debatidas nos autos, cabendo, assim, Recurso Extraordinário ao STF, como bem preceitua o art. 2º, § 4º da Lei nº 5.584/70.

Capítulo 22
PRESSUPOSTOS RECURSAIS

1. CONCEITO

Os pressupostos recursais são também chamados de requisitos de admissibilidade recursal, ou seja, é todo o requisito que um recurso deve ter a fim de que possa ser analisado, superando-se, assim, o juízo de admissibilidade (que ocorrerá nas duas instâncias).

2. ESPÉCIES

Os pressupostos recursais podem ser classificados em pressupostos objetivos e subjetivos, como abaixo veremos.

2.1 PRESSUPOSTOS OBJETIVOS

São também chamados de *extrínseco*. Possuem relação com a ação. São eles:

a) Preparo: é o recolhimento de custas e o depósito recursal.

b) Previsão legal: o recurso deve estar previsto na legislação, ou seja, as partes só poderão interpor recurso previsto em lei. Decorre do Princípio da Legalidade.

c) Adequação: é também chamado de cabimento. O recurso utilizado deve ser adequado à decisão que se deseja impugnar.

d) Tempestividade: os recursos deverão ser interpostos no prazo previsto em lei, sendo que no processo do trabalho o prazo é de 8 dias.

2.2 PRESSUPOSTOS SUBJETIVOS

São também chamados de intrínsecos. Possuem relação com o sujeito. São eles:

a) *Capacidade:* é medida em congruência se a parte tem capacidade para estar em juízo, ou seja, se a parte puder estar em juízo, também poderá recorrer.

b) *Legitimidade:* aquele que teve a sentença desfavorável, no todo ou em parte, poderá recorrer.

c) *Interesse:* deverá demonstrar que tem interesse jurídico na lide para recorrer; e não interesse meramente econômico.

2.3 SÍNTESE DOS PRESSUPOSTOS RECURSAIS TRABALHISTAS

Sintetizando tudo o que acima fora exposto, teremos:

PRESSUPOSTOS RECURSAIS	
OBJETIVOS / EXTRÍNSECOS	SUBJETIVOS / INTRÍNSECOS
PREparo	CApacidade
PREvisão Legal	LEgitimidade
ADEquação	INteresse
TEMPEstividade	

Capítulo 23
RECURSOS TRABALHISTAS EM ESPÉCIE

1. PRELIMINARES

Sérgio Pinto Martins, em sua obra *Direito Processual do Trabalho* (27ª ed, p. 385), conceitua recurso como sendo aquilo que tem curso contrário, regresso ao ponto de partida. É o meio processual estabelecido para provocar o reexame de determinada decisão, visando a obtenção de sua reforma ou modificação.

A natureza jurídica do recurso é de direito subjetivo processual que nasce no transcurso do processo quando proferida uma decisão.

2. RECURSOS EM ESPÉCIE

O Processo do Trabalho possui diversas espécies de recursos, as quais analisaremos cada uma delas a seguir.

2.1 PEDIDO DE REVISÃO DO VALOR DA CAUSA

Essa espécie de recurso está prevista no art. 2º da Lei nº 5.584/70, cabendo das decisões em que o Juiz fixa o valor da causa de maneira equivocada. Assim, visa a revisão da decisão de juiz que se recusa a acolher ou não a impugnação ao valor por ele fixado para a causa.

Trata-se do único recurso trabalhista com prazo diferenciado, que é de 48 horas a contar da decisão do juiz.

Tem efeito devolutivo, e após distribuído no Tribunal deve ser julgado pelo presidente do TRT em 48 horas.

2.2 RECURSO ORDINÁRIO

Está previsto no art. 895 da CLT. Tem seu cabimento das decisões definitivas das Varas do Trabalho em reclamações trabalhistas e das decisões dos TRTs em processos de sua competência originária (dissídio coletivo, ação rescisória e mandado de segurança). Seu prazo é de 8 dias para apresentar as razões e as contrarrazões recursais.

Possui efeitos devolutivo e suspensivo, pois permite a propositura da execução provisória, uma vez que, extraída a carta de sentença, não permite atos de alienação, indo, portanto, até a penhora (art. 899 da CLT).

Vale ressaltar que o recurso ordinário no procedimento sumaríssimo depois de distribuído no Tribunal deve ser liberado em 10 dias pelo relator e não tem revisor.

2.3 EMBARGOS DE DECLARAÇÃO

Previsto no art. 897-a da CLT. Deve ser endereçado ao mesmo órgão prolator da decisão. Tem como requisito a existência de omissão, obscuridade ou contradição na decisão. Servem, ainda, para prequestionar o Recurso de Revista (Súmula 297 do TST) e o Recurso Extraordinário (Súmula 356 do STF).

Devendo ser interposto no prazo de 5 dias. Quando da interposição do presente recurso esse interrompe o prazo para interposição do recurso cabível da decisão prolatada, até que os Embargos de Declaração sejam julgados.

Admite-se o efeito modificativo nos termos da Súmula 278 do TST.

2.4 RECURSO DE REVISTA

Está previsto no art. 896 da CLT. Tem seu cabimento das decisões dos TRTs prolatadas em recursos ordinários, visando uniformizar a jurisprudência trabalhista em todo o território nacional.

O presente recurso tem como requisitos:

a) Divergência jurisprudencial de lei federal (com decisões de outros TRTs, da Seção de Dissídios Individuais do TST, ou de súmulas do TST).

b) Divergência jurisprudencial de lei estadual, convenção coletiva, acordo coletivo, sentença normativa ou regulamento de empresa.

c) Violação direta e literal da Constituição Federal ou de lei federal.

d) Das decisões dos TRT´s em execução de sentença, inclusive em embargos de terceiro, mas somente na hipótese de ofensa direta e literal de norma da Constituição Federal.

e) No caso de a revista ser interposta em processo sujeito ao rito sumaríssimo, somente é cabível com base em violação literal e direta de dispositivo constitucional e com base em contrariedade à súmula do TST.

Seu prazo é de 8 dias para apresentação das razões e das contrarrazões. Possui efeito devolutivo e suspensivo, sendo exclusivamente para discussões de questões de direito, ou seja, não se admite para discussão de questões fáticas. A Súmula 126 do TST dispõe que é incabível o recurso de revista ou de embargos para reexame de fatos e provas.

2.5 EMBARGOS DIVERGENTES

Está previsto no art. 894, II da CLT. Cabem das decisões das turmas do TST para o Pleno (SDI). O prazo para apresentação do mencionado recurso é de 8 dias, tanto para as razões quanto para as contrarrazões.

Tem como requisito que as decisões das turmas que divergirem entre si ou que divergirem de OJ ou Súmula do TST. Tem efeito devolutivo e suspensivo.

2.6 EMBARGOS INFRINGENTES

Está previsto no art. 496, III, do CPC. Tem cabimento das decisões da SDC do TST. O requisito é que não haja unanimidade da decisão, ou seja, que haja voto divergente. O prazo para apresentar as razões e as contrarrazões é de 8 dias.

2.7 RECURSO EXTRAORDINÁRIO

Tem previsão legal no art. 102, III da Constituição Federal e art. 541 do CPC, e seu cabimento ocorre das decisões do pleno do TST.

O presente recurso tem como requisitos:

a) Esgotamento das vias recursais trabalhistas.

b) Prequestionamento da matéria constitucional.

c) Ofensa literal e direta à Constituição.

O prazo para apresentação das razões e das contrarrazões é de 15 dias; e tem efeito devolutivo e suspensivo.

2.8 RECURSO ADESIVO

Está previsto no art. 500 do CPC. Tem seu cabimento no Recurso Ordinário, Recurso de Revista, nos Embargos para o Pleno e no Agravo de Petição, conforme dispõe a Súmula 283 do TST. Seu prazo é de oito dias.

São requisitos para o presente recurso:

a) Perda do prazo para a interposição do recurso principal pela parte.

b) Interposição do recurso principal pela outra parte (a decisão deve ser procedente em parte).

c) O recurso adesivo será interposto no mesmo prazo das contrarrazões ou contraminuta.

d) Perdendo efeito o recurso principal também perde efeito o recurso adesivo.

2.9 AGRAVO DE INSTRUMENTO

Tem previsão legal no art. 897, *b*, da CLT. Seu cabimento é de despachos que denegam seguimento a outros recursos.

Possui como requisitos:

a) Ao juízo *a quo* é dado rever a decisão agravada em decorrência do chamado juízo de reconsideração ou juízo de retratação, hipótese em que o agravo de instrumento fica prejudicado por perda do objeto.

b) Ao agravante deve formar o instrumento do agravo com as peças obrigatórias (cópias da decisão agravada, certidão da respectiva intimação, procurações do agravante e do agravado, da petição inicial, da contestação, da decisão originária, da comprovação do depósito recursal e do pagamento das custas) e também com outras peças que permitam o julgamento do mérito de ambos os recursos.

c) Determinado o processamento do agravo, o agravado deve ser intimado para apresentar sua contraminuta e, na mesma oportunidade, as contrarrazões do recurso principal.

d) Na eventualidade de o Tribunal *ad quem* dar provimento ao agravo de instrumento, a turma respectiva julgará concomitantemente o

Direito Material e Processual do Trabalho

recurso principal, ou seja, o julgamento dos dois recursos será no mesmo acórdão.

O prazo do presente recurso é de 8 dias (minuta e contraminuta), mas se o agravo de instrumento for de recurso extraordinário o prazo é de 10 dias (art. 544 do CPC). Tem apenas efeito devolutivo.

3. SÍNTESE DOS RECURSOS EM ESPÉCIE

Segue tabela das principais informações dos recursos:

RECURSO	PREVISÃO LEGAL	CABIMENTO	PRAZO
Pedido de Revisão	art. 2º da Lei nº 5.584/70	Decisões em que o Juiz fixa o valor da causa de maneira equivocada.	48 horas
Recurso Ordinário	895 da CLT	Decisões definitivas das Varas do Trabalho em reclamações trabalhistas e das decisões dos TRTs em processos de sua competência originária (dissídio coletivo, ação rescisória e mandado de segurança).	8 dias
Embargos de Declaração	897-*a* da CLT	Existência de omissão, obscuridade ou contradição na decisão. Servem, ainda, para prequestionar o Recurso de Revista (Súmula 297 do TST) e o Recurso Extraordinário (Súmula 356 do STF).	5 dias
Recurso de Revista	896 da CLT	Decisões dos TRTs prolatadas em recursos ordinários, visando uniformizar a jurisprudência trabalhista em todo o território nacional.	8 dias
Embargos Divergentes	894, II da CLT	Cabem das decisões das turmas do TST para o Pleno (SDI).	8 dias
Embargos Infringentes	496, III CPC	Das decisões da SDC do TST.	8 dias
Recurso Extraordinário	102, III da Constituição Federal e art. 541 do CPC	Das decisões do pleno do TST.	15 dias
Recurso Adesivo	500 do CPC / Súmula 283 do TST	No Recurso Ordinário, Recurso de Revista, nos Embargos para o Pleno e no Agravo de Petição.	8 dias
Agravo de Instrumento	art. 897, *b*, da CLT.	Despachos que denegam seguimento a outros recursos.	8 dias (minuta e contraminuta), e 10 dias para recurso extraordinário.

Capítulo 24
EXECUÇÃO NO DIREITO PROCESSUAL DO TRABALHO

1. LIQUIDAÇÃO DE SENTENÇA

Quando a decisão é prolatada, tem um grande período desde o ajuizamento da ação, devendo ser liquidada, ou seja, atualizada monetariamente para darmos início a execução. Existem três formas de liquidação, sendo elas por:

a) *Arbitramento:* depende de conhecimento técnico.

b) *Por artigos:* a parte deverá pedir em petição o que pretende ver liquidado.

c) *Cálculos:* os elementos já estão nos autos sendo devido apenas as contas.

Uma vez apresentados os cálculos poderão ser impugnados em até 10 dias. E a decisão homologatória dos cálculos será proferida pelo Juiz, desta forma poderemos iniciar a execução.

2. DA EXECUÇÃO PROPRIAMENTE DITA

Nesta fase processual os bens da executada serão penhorados para garantir a verdadeira validade do processo. A Lei de Execução Fiscal (6.830/80), por força do art. 899 da CLT, será utilizada subsidiariamente ao processo em caso de lacunas. A aplicação da multa de 10% conforme art. 475 j do CPC é aplicável após a sentença de liquidação.

3. ESPÉCIES

Há duas espécies de Execução, quais sejam:

a) *Provisória:* a execução poderá ser provisória, durante algum recurso pendente na fase de conhecimento, até a penhora que caberá apenas embargos de terceiro.

b) *Definitiva:* poderá ser a execução definitiva, quando o marco principal sempre será a penhora. Se ainda não foi feita a penhora caberá exceção de pré-executividade, porém se a penhora for feita depende de que lado o advogado esteja para a sua defesa.

4. PRAZOS

Se estiver pela empresa/executada caberá embargos à execução (art. 884 da CLT) em cinco dias, se estiver pelo empregado/exequente caberá impugnação à sentença de liquidação também em 5 dias (art. 884 da CLT) e se estiver por terceiro caberá embargos de terceiro (arts. 1.046 e seguintes do CPC).

5. BENS QUE SÃO PENHORÁVEIS

Qualquer bem poderá ser penhorado, menos os impenhoráveis que estão no art. 649 do CPC. A execução contra a massa falida deverá estar limitado ao valor de 150 salários mínimos. A decisão que julga os embargos e a impugnação será o agravo de petição em 8 dias.

6. PRESCRIÇÕES

Urge salientar que na execução poderemos ter a *prescrição intercorrente*, que é a omissão do exequente, quando devidamente intimado, não faz o ato processual, assim caso a execução fique suspença por mais de dois anos o processo será extinto com resolução de mérito. A nosso ver é aplicável na Justiça do Trabalho. Vide Súmulas 114 do TST e 327 do STF.

Temos, ainda, a *prescrição superveniente* que nada mais é do que o prazo para ajuizar uma execução de um título executivo extrajudicial na Justiça do Trabalho, vide Súmula 150 do STF. Nesse sentido temos os seguintes julgados:

Direito Material e Processual do Trabalho

EXECUÇÃO FISCAL. CONTRIBUIÇÕES PARA A PREVIDÊNCIA SOCIAL. MODIFICAÇÃO DO VALOR ANTERIORMENTE AO JULGAMENTO DOS EMBARGOS. POSSIBILIDADE. O § 8º do art. 2º da Lei nº 6.830, de 22 de setembro de 1980, estabelece, expressamente, que, "Até a decisão de primeira instância, a Certidão de Dívida Ativa poderá ser emendada ou substituída, assegurada ao executado a devolução do prazo para embargos" – o que significa, no caso em análise, que o valor da execução das contribuições para a previdência social poderia, legitimamente, ser modificado anteriormente ao julgamento dos embargos. Agravo de petição acolhido. PROC. TRT – 00714-1998-003-06-85-0 – 6ª REGIÃO – PE – Nelson Soares Júnior – Juiz Relator. DJ/PE de 21/01/2006 – (DT – Abril/2006 – vol. 141, p. 218).

EXECUÇÃO. DISTINÇÃO ENTRE LITIGÂNCIA DE MÁ-FÉ E ATO ATENTATÓRIO À DIGNIDADE DA JUSTIÇA. A improbidade processual é o substrato comum aos atos que dão causa à penalização da parte por sua conduta no processo. Contudo, a litigância de má-fé viola, preponderantemente, os interesses da parte que, no processo de conhecimento, encontram-se em igualdade funcional perante o juízo. No processo de execução, em que o devedor já se encontra em posição de sujeição perante o credor, a improbidade do primeiro ofende diretamente o órgão jurisdicional e constitui, por isso, ato atentatório à dignidade da Justiça. Além disso, a configuração de cada espécie dá-se por padrões distintos de conduta processual. PROC AP 00035-1999-018-01-01-8 – AC 503/02 – 1ª REGIÃO – RJ – Desembargador Luiz Carlos Teixeira Bomfim – Presidente em exercício e relator. DJ/RJ de 12/01/2006 – (DT – abril/2006 – vol. 141, p. 214).

EXECUÇÃO. EXCESSO EXECUÇÃO. ILIQUIDEZ DO TÍTULO EXECUTIVO FISCAL. EXCESSO DA PENHORA. HONORÁRIOS DE ADVOGADO. A fixação do título executivo fiscal – CDA – em índice oficial (UFIR) não ofende, porque previsto em lei, o requisito da liquidez do título. Penhora em valor superior ao débito presta-se a garantir integralmente a execução ao longo do tempo, porque a dívida segue sendo enriquecida por correção monetária e juros, enquanto os bens apresados depreciam-se.

ENCARGO de 20% sobre o valor da dívida, decorrente do Decreto-lei 1.025/69, inclui, já, as despesas com honorários de advogado, não se admitindo a condenação, na sentença de improcedência dos embargos do devedor, o acréscimo de honorária advocatícia, pena de caracterização de *bis in idem*. TRT/SP – 01007200527102004 – AP – Ac. 3ª T 20060156940 – Rel. ELIANE APARECIDA DA SILVA PEDROSO – DOE 28/03/2006.

PENHORA EM CONTA-CORRENTE. LEGITIMIDADE. Incensurável é a determinação do MM. Juízo impetrado de bloqueio do numerário constante em conta-corrente de titularidade da executada, tendo em vista que o dinheiro, além de figurar em primeiro lugar no rol discriminado no art. 655 do Código de Processo Civil, traz efetividade à execução, facilitando a satisfação do crédito exequendo. Nem se cogite que tal excussão deva ser obstada, por indisponibilizar o capital de giro da empresa e acarretar-lhe inúmeros prejuízos no cumprimento de seus encargos sociais. E isto porque, além de a mesma correr os riscos de seu empreendimento, os créditos trabalhistas são superprivilegiados, preferindo a quaisquer outros, a teor do que dispõe o art. 186 do Código Tributário Nacional (exceção feita apenas aos créditos advindos de acidente de trabalho). TRT/SP – 10130200500002002 – MS – Ac. SDI 2006000401 – Rel. VANIA PARANHOS – DOE 17/03/2006.

PENHORA.*ON LINE*. MANDADO DE SEGURANÇA. IMPETRAÇÃO PREVENTIVA. ART. 1º/LEI 1.533/51. PENHORA EM TEMPO REAL MEDIANTE A UTILIZAÇÃO DO SISTEMA *BACEN JUD*. O "justo receio" de lesão direito líquido e certo diz respeito à situação confirmada e presente, e não a fatos futuros e não comprovados. Se o exercício depender de situações e fatos ainda indeterminados, não rende ensejo à segurança. O fato de MM. Juízo de Vara do Trabalho diversa da qual tramitam os processos que originaram o presente mandado de segurança haver determinado o bloqueio em tempo real, não indica que haja ato concreto ou preparatório da D. Autoridade (MM. Juízo da 1ª VT/ SCS) visando atingir o patrimônio jurídico da impetrante, nos moldes alegados. Segurança que se denega. TRT/SP – 11379200500002005 – MS – Ac. SDI 2006000550 – Rel. CARLOS FRANCISCO BERARDO – DOE 17/03/2006.

MANDADO DE SEGURANÇA. CETESB – BLOQUEIO DE CONTAS-CORRENTES BANCÁRIAS – PENHORA *ON LINE*. 1. O METRÔ, como sociedade de economia mista que é, sujeita-se ao regime jurídico previsto no art. 173, § 1º, da Constituição Federal, dessa maneira, incabível a pretensão de que a execução se faça por precatório, uma vez que não goza a impetrante de qualquer privilégio de forma a lhe assegurar um tratamento diferenciado na fase executória. 2. A regra insculpida no art. 620 do CPC, no sentido de que a execução há de pautar-se pelo princípio do menor sacrifício ao executado, não significa, senão, que há limitação na atividade expropriatória do Estado, consoante art. 692, parágrafo único. A ordem de preferência dos bens a serem penhorados, descrita no art. 655 do CPC, deve obedecer o rigor legalmente exigido.

O juízo impetrado ao determinar que o gravame recaísse sobre numerário, nada mais fez do que cumprir o preceito legal, em estrita consonância à ordem de preferência prevista no art. 655 do CPC, norma de ordem pública e aplicação cogente. Segurança que se denega. TRT/SP – 13626200400002007 – MS – Ac. SDI 2006000320 – Rel. MARCELO FREIRE GONÇALVES – DOE 17/03/2006.

Capítulo 25
PROCEDIMENTOS ESPECIAIS

1. INTRODUÇÃO

Ainda que não previstos expressamente na Consolidação das Leis do Trabalho, o Direito Processual do Trabalho, conforme já sedimentado em entendimentos doutrinários e jurisprudenciais, comporta algumas normas e procedimentos especiais previstos no Código de Processo Civil, que serão tratados neste capítulo.

Conforme o art. 769 da CLT, o CPC será utilizado subsidiariamente quando a CLT for omissa, desta forma, o Diploma Processual Civil se faz necessário ao Direito do Trabalho.

2. ESPÉCIES DE PROCEDIMENTOS ESPECIAIS

Vários são os procedimentos especiais utilizados subsidiariamente no Processo do Trabalho, analisaremos a seguir os mais relevantes.

2.1 AÇÃO RESCISÓRIA

Conceito

Ação rescisória é o meio processual existente com a finalidade de desconstituir a coisa julgada material que emerge de uma sentença de mérito, sempre que na decisão proferida existir vícios graves, expressamente previstos no art. 485 do Código de Processo Civil. Visa rescindir, ou seja, alterar, modificar a decisão transitada em julgado.

Natureza Jurídica

Trata-se de uma ação autônoma na medida em que se trata de reapreciar uma prestação jurisdicional já consumada e, se rescindida a sentença transitada em julgado, uma outra operará a entrega da prestação jurisdicional. Assim, deverá seguir o rito do art. 282 do CPC.

Exaurimento dos Recursos

Para propor ação rescisória não é necessário que o autor tenha interposto todos os recursos contra a decisão de mérito impugnada na ação rescisória.

Cabimento

O art. 485 do Código de Processo Civil estabelece que caberá ação rescisória nas seguintes hipóteses:

1. A sentença ou o acórdão houver sido dada por prevaricação, concussão ou corrupção do juiz.

2. Proferida por juiz impedido ou absolutamente incompetente.

3. Resultar de dolo da parte vencedora em detrimento da parte vencida ou de colusão entre elas a fim de fraudar a lei.

4. A sentença ou o acórdão ofender a coisa julgada.

5. A sentença ou o acórdão violar literal disposição de lei.

6. Se fundar em prova cuja falsidade ficar provada em processo criminal ou seja provada na própria AR.

7. Depois da sentença, o autor obtiver documento novo, cuja existência ignorava ou de que não pode fazer uso, capaz, por si só, de lhe assegurar pronunciamento favorável.

8. Houver fundamento para invalidar confissão, desistência ou transação, em que se baseou a sentença.

9. Fundada em erro de fato, resultantes de atos ou de documentos da causa.

Legitimidade Ativa

A legitimidade ativa é determinada pelo art. 487 do Código de Processo Civil:

I – Parte ou sucessor: No conceito de parte devem ser compreendidos não só autor e réu, mas também os assistentes, os oponentes, os nomeados à autoria, os denunciados à lide e os chamados ao processo, desde que dotados de interesse de agir, caso em que, admitidos no processo, passam a figurar como partes. Se, ao tempo em que foi descoberta uma causa autorizadora da Ação Rescisória, o titular da pretensão rescisória já houver falecido, seu sucessor será parte legítima para figurar no polo ativo. Para tal fim, não importa seja a sucessão a título universal ou particular, sendo necessário tão-somente prova do falecimento da parte e da qualidade de sucessor daquele que pretende desfazer a coisa julgada.

II – Terceiro Juridicamente Interessados: Terceiros titulares de relação jurídica compatível com a relação jurídica já decidida.

III – Ministério Público: Caberá a intervenção do Ministério Público quando:

a) O Ministério Público atuou como parte no processo cuja sentença quer-se rescindir.

b) Embora não tenha atuado como parte, deixou de ser ouvido quando obrigatória era sua atuação como *custus legis*.

c) A sentença rescindenda for decorrente de colusão das partes, para fim de fraudar a lei.

Petição Inicial

A petição inicial para ser deferida deverá vir acompanhada da prova do trânsito em julgado da decisão rescindenda, e ainda na peça, o autor, sob pena de indeferimento da inicial, deverá cumular o pedido de rescisão do julgado com o pedido de novo julgamento, salvo se não for possível esse último (ex.: rescisória calcada em ofensa à coisa julgada). Aplica-se à Ação Rescisória o art. 284 do Código de Processo Civil (possibilidade de emenda da inicial). Ressalto que o novo art. 836 da CLT informa a obrigatoriedade de um depósito prévio de 20% sobre a condenação ou sobre o valor da causa, sendo isento o empregado que se declarar pobre na concepção da lei.

Prazo Decadencial

A parte tem 2 anos para propor ação rescisória, contados a partir do dia imediatamente subsequente ao trânsito em julgado da última decisão proferida na causa, seja de mérito ou não. Para a Fazenda Pública esse prazo será em dobro, ou seja, 4 anos.

OJ13 SDI-II prorroga-se até o primeiro dia útil imediatamente subsequente ao prazo decadencial para ajuizamento da Ação Rescisória quando expiram em férias forenses, feriados, finais de semana ou em dia em que não houver expediente forense. Aplicação do art. 775 da CLT.

O não conhecimento do recurso por deserção não antecipa o *dies a quo* do prazo decadencial para o ajuizamento da ação rescisória. OJ 80 da SDI-II.

Competência

A ação rescisória deverá ser proposta no Juízo ou Tribunal ao qual se subordina o juízo prolator da decisão a ser rescindida, desta forma a competência originária é dos Tribunais (TRT ou TST).

1) Se não houver o conhecimento do recurso de revista ou de embargos, a competência para julgar ação que vise a rescindir a decisão de mérito é do TRT, salvo o previsto no item II.

2) Acórdão rescindendo do Tribunal Superior do Trabalho que não conhece de recurso de embargos ou de revista, analisando arguição de violação de dispositivo de lei material ou decidindo em consonância com enunciado de direito material ou com iterativa, notória e atual jurisprudência de direito material da SDI examina mérito da causa, cabendo ação rescisória da competência do Tribunal Superior do Trabalho.

Depósito Prévio

Após art. 836 da CLT é necessário o depósito de 20% sobre o valor da causa.

Prequestionamento

A conclusão acerca da ocorrência de violação literal de lei pressupõe pronunciamento explícito na sentença rescindenda, sobre a matéria veiculada (En. 298 TST).

Dispensado o prequestionamento se o vício nasce no próprio julgamento, como se dá com a sentença *extra, ultra* ou *citra petita* (OJ-36 SDI-II).

Em caso de decisão proferida por autoridade absolutamente incompetente também não se exige o prequestionamento.

Direito Material e Processual do Trabalho

Contestação e Revelia

O prazo para contestar ação rescisória será entre 15 e 30 dias, a ser fixado pelo relator, no entanto, a ausência de defesa produz revelia e confissão uma vez que na ação rescisória está sempre presente o interesse público inerente à rescisão da coisa julgada. Matéria de ordem pública sobre a qual não se admite confissão. É obrigatória sua intervenção (do Ministério Público do Trabalho), em razão da natureza da lide (interesse público inerente à discussão da coisa julgada).

Jurisprudências acerca do tema

AÇÃO RESCISÓRIA. VIOLAÇÃO À LITERAL DISPOSIÇÃO DE LEI. HIPÓTESE LEGAL CONFIGURADA. Plenamente viável, em tese, pretensão de desconstituição direcionada à questão processual, restando configurada a hipótese rescisória do inciso V do art. 485 do CPC, por violação literal ao art. 5º, LV da CF, ante a ausência de notificação do reclamado para manifestar-se sobre embargos de declaração com efeito infringente, inviabilizando o contraditório. A despeito de, a princípio, ser desnecessária a notificação da parte adversa quando do julgamento de embargos de declaração, a mesma se faz imprescindível quando manejados com o fito de imprimir efeito modificativo ao julgado. Hipótese em que a faculdade de defesa ao outro litigante contribui para a formação do convencimento do magistrado. A adequada defesa judicial exsurge no ordenamento jurídico como pressuposto para a realização da justiça material, ganhando destaque com o novo enfoque do devido processo legal, que em seu aspecto procedimental intrínseco somente se aperfeiçoa com a efetiva igualdade de tratamento entre as partes litigantes e real dialeticidade no processo. PROC AR 10050-2004-000-22-00-7 – 22ª REGIÃO – PI – Juiz Arnaldo Boson Paes – Relator. DJT/PI de 06/04/2005 – (DT – janeiro/2006 – vol. 138, p. 47).

AÇÃO RESCISÓRIA. VIOLAÇÃO À LITERAL DISPOSIÇÃO DE LEI. HIPÓTESE LEGAL CONFIGURADA. Plenamente viável, em tese, pretensão de desconstituição direcionada à questão processual, restando configurada a hipótese rescisória do inciso V do art. 485 do CPC, por violação literal ao art. 5º, LV da CF, ante a ausência de notificação do reclamado para manifestar-se sobre embargos de declaração com efeito infringente, inviabilizando o contraditório. A despeito de, a princípio, ser desnecessária a notificação da parte adversa quando do julgamento de embargos de declaração, a mesma se faz imprescindível quando manejados com o fito de imprimir efeito modificativo ao julgado. Hipótese em que a faculdade de defesa ao outro litigante contribui para a formação do convencimento do magistrado.

A adequada defesa judicial exsurge no ordenamento jurídico como pressuposto para a realização da justiça material, ganhando destaque com o novo enfoque do devido processo legal, que em seu aspecto procedimental intrínseco somente se aperfeiçoa com a efetiva igualdade de tratamento entre as partes litigantes e real dialeticidade no processo. PROC AR 10050-2004-000-22-00-7 – 22ª REGIÃO – PI – Juiz Arnaldo Boson Paes – Relator. DJT/PI de 06/04/2005 – (DT – janeiro/2006 – vol. 138, p. 47).

AÇÃO RESCISÓRIA. Estando amplamente configurada a utilização do processo como meio para fraudar a lei, há motivo bastante para o acolhimento e procedência da ação rescisória, nos termos do art. 485, III, do CPC e extinção da reclamação trabalhista, sem exame de mérito, tendo em vista a patente falta de interesse processual, bem como a ausência de pressupostos de constituição e de desenvolvimento válido e regular do processo. Procedente a ação rescisória. TRT/SP – 11129200200002002 – AR – Ac. SDI 2005036402 – Rel. DELVIO BUFFULIN – DOE 17/03/2006

Direito Material e Processual do Trabalho

AÇÃO RESCISÓRIA. REDISCUSSÃO DA MATÉRIA. A rediscussão da matéria e reapreciação do conjunto probatório não são permitidas em sede de rescisória, eis que por possuir caráter eminentemente estrito, em face do excepcional prestígio que possui a coisa julgada no sistema jurídico positivo, deve fundar-se nos termos dos incisos do art. 485 do CPC. Assim sendo, não se defere pedido de rescisão sem que haja uma perfeita adequação do fato descrito ao tipo legal contido na hipótese de incidência da lei. Improcedente a ação rescisória. TRT/SP – 13226200300002000 – AR – Ac. SDI 2005036410 – Rel. DELVIO BUFFULIN – DOE 17/03/2006.

AÇÃO RESCISÓRIA. CABIMENTO. A ação rescisória, por ser ação que objetiva a desconstituição da coisa julgada, seu cabimento é restrito aos incisos do art. 485 do Código de Processo Civil, não podendo atribuí-la a instância recursal, com finalidade de revisão de processo julgado em instância inferior. Assim sendo, mesmo que a decisão não atenda aos interesses da parte, não basta tal fato para se pretender a desconstituição de um julgado, se não se fazem presentes os requisitos fixados pela lei, pois estes requisitos, como já dito, são extremamente rígidos, em face da força coercitiva da coisa julgada. À parte, somente é cabível curvar-se à decisão ou utilizar-se dos recursos previstos em lei. TRT/SP – 13121200400002002 – AR – Ac. SDI 2005036542 – Rel. DELVIO BUFFULIN – DOE 17/03/2006.

AÇÃO RESCISÓRIA – VIOLAÇÃO LITERAL À DISPOSIÇÃO DE LEI. ERRO DE FATO. INOCORRÊNCIA. 1. A jurisprudência do C. TST inclinou-se no sentido de não ser admitido o reexame do conjunto probatório dos autos do processo originário em se tratando de ação rescisória calcada no inciso V do art. 485 do CPC, de acordo com o item 109 da orientação jurispru-

185

dencial da SDI-2. No caso em análise ressai à evidência o óbice retromencionado, uma vez que para chegar-se à conclusão diversa da que sustenta a autora e, consequentemente, a configuração de violação de preceito legal, imprescindível seria o reexame do conjunto probatório dos autos da reclamação trabalhista. 2. a) A oportunidade de valer-se da rescisória, com base no inciso IX, do art. 485, do CPC, surge quando não tenha existido controvérsia sobre os fatos que motivaram eventual erro do juízo. Porém, tendo havido na sentença rescindenda manifestação quanto à existência ou não de determinado fato da causa, fica vedada sua utilização. b) No caso em tela verifica-se a existência de controvérsia acerca da sucessão de empresas, bem como pronunciamento judicial a respeito. c) A ação rescisória, como ação que é, prevista constitucionalmente (art. 102, I, j; art. 105, I, e; art. 108, I, b; ADCT, art. 27, § 10), envolve autêntico julgamento de julgamento, embora seja um remédio processual de caráter extraordinário, não se prestando para apreciar a boa ou má-interpretação dos fatos, ao reexame da prova produzida ou a sua complementação. Em outras palavras, a má-apreciação da prova ou a injustiça da decisão judicial não autorizam a rescisória. Pedido improcedente. TRT/SP – 11278200300002002– AR – Ac. SDI 2006000029 – Rel. MARCELO FREIRE GONÇALVES – DOE 17/03/2006 A ação rescisória, por ser o remédio legal destinado a desconstituir decisão de mérito transitada em julgado, é uma ação admissível em caráter excepcional, somente nas hipóteses descritas no art. 485 do Código de Processo Civil, que é taxativo. Não tem referido remédio processual a finalidade de simples revisão do julgamento proferido em outra instância e nem o condão de reabrir discussão da lide em seus aspectos conflituosos e a reavaliação da prova com vista à obtenção de um novo provimento, não se prestando ao papel de sucedâneo de recurso. Os requisitos fixados pela lei relativos à ação rescisória são rígidos e devem ser observados. Uma vez ausentes, impossível a desconstituição do julgado. TRT/SP – 10858200400002003 – AR – Ac. SDI 2006000118 – Rel. MARCELO FREIRE GONÇALVES – DOE 17/03/2006. As questões ventiladas pelo Autor (relativas ao pleito inicial) são inviáveis de apreciação pela via da Rescisória, por se tratar de revolvimento e valoração de provas, incabíveis neste tipo de procedimento. TRT/SP – 10098200500002005 – AR – Ac. SDI 2006000371 – Rel. MARCOS EMANUEL CANHETE – DOE 17/03/2006.

AÇÃO RESCISÓRIA – VIOLAÇÃO À LETRA DE LEI. A ação rescisória, por ser desconstitutiva de coisa julgada, tem restrito cabimento, de modo taxativo e circunscrito, aos incisos previstos no art. 485 do Código de Processo Civil, não correspondendo, portanto, à instância recursal, cuja finalidade seria a revisão de processo julgado em instância outra. Sendo assim, para que determinada decisão seja desconstituída, necessária se faz a comprovação, de forma robusta e incontestável, da ocorrência das hipóteses arroladas no artigo mencionado, não bastando para tanto mero inconformismo da parte com a decisão objeto do corte rescisório. Na hipótese dos autos, o MM. Juiz prolator da decisão rescindenda, analisando os fatos e as provas, entendeu não haver qualquer fraude na contratação da reclamante, ora requerente, por meio de cooperativa, razão pela qual rejeitou o pedido de vínculo empregatício direto com a Municipalidade. O acerto e a justiça da decisão ou a melhor e mais adequada interpretação de um determinado dispositivo legal devem ser discutidos em sede recursal e não mediante ação rescisória. Ação rescisória que se julga improcedente. TRT/SP – 10780200400002007 – AR – Ac. SDI 2006000096 – Rel. NELSON NAZAR – DOE 17/03/2006.

AÇÃO RESCISÓRIA. PRETENSÃO DE CORTE RESCISÓRIO DO V. ACÓRDÃO PROFERIDO PELA C. TURMA DESTE TRIBUNAL, COM FUNDAMENTO NOS INCISOS V E IX, DO ART. 485 DO CPC. IMPROCEDÊNCIA DA AÇÃO.

Pretende a autora a procedência da ação rescisória, com fulcro nos incisos V e IX, do art. 485, do Código de Processo Civil, sob alegação de que V. acórdão regional não apreciou a prova documental existente nos autos originários. Aduz que o reclamante, ora réu, era gerente de produção e exercia cargo de chefia, nos termos do que dispõe o inciso II, do art. 62 da Consolidação das Leis do Trabalho, tendo hierarquicamente acima de si só o gerente geral. Afirma que existem nos autos elementos mais que suficientes para determinar a reforma do acórdão, com novo julgamento da causa, os quais não foram apreciados por ocasião da prolação da r. decisão rescindenda e que o r. *decisum* foi equivocado ao deferir ao reclamante, ora réu, o pagamento de horas extraordinárias de segundas-feiras a domingos, desconsiderando que ele sempre ocupou função de extrema confiança na empresa, inclusive tendo deixado de bater cartão ponto (ininterruptamente) nos últimos 3 (três) anos, pelo que entende que restou caracterizado o erro de fato, bem como a literal violação ao artigo de lei invocado. Menciona, também, que sofreu prejuízos incontáveis quando da autuação dos recursos ordinários junto a este Tribunal, uma vez que ficou constando como seu representante, advogado diverso do patrono que até então vinha subscrevendo quase todas as principais peças do processo, ao contrário do que constava dos autos, o que acarretou-lhe a perda do prazo para opor embargos declaratórios e demais recursos. Pleiteia, pois, a desconstituição do v. acórdão proferido pela C. Turma Julgadora deste Tribunal, com a imediata suspensão da execução. Todavia, é importante salientar que a ação rescisória não pode ser tratada como equivalente ao recurso que a parte não interpôs ou interpôs e não foi provido. Por outro lado, não se pode confundir

Direito Material e Processual do Trabalho

erro de fato com má apreciação das provas em torno dos fatos discutidos na causa. Somente há erro de fato, como requisito de rescisão, quando na prolação da sentença ou do acórdão o órgão judicante admitir como existente fato que não existia, ou como inexistente um fato efetivamente ocorrido. Na questão *sub judice*, aliás, de caráter nitidamente recursal, a hipótese relativa a erro de fato deve ser afastada de plano. Isto porque basta uma simples leitura do V. acórdão rescindendo para que se verifique que inexiste qualquer engano de percepção da C. Turma deste Tribunal que, ao dar provimento parcial ao recurso ordinário interposto pelo reclamante, ora réu, e condenar a reclamada, ora autora, a pagar-lhe horas extras, inclusive aos sábados e domingos, avaliou a prova e concluiu que o reclamante não usufruía de qualquer autonomia em suas funções, que encerravam a intermediação de ordens entre o gerente geral e os trabalhadores, não se enquadrando na hipótese prevista no art. 62, II, da Consolidação das Leis do Trabalho. Nessa conformidade, por ser a matéria exclusivamente de valoração da prova e, tendo o Colegiado se manifestado acerca de toda a matéria litigiosa, não há razão para rescindir o V. acórdão rescindendo. Destarte, da análise do V. acórdão impugnado constata-se que restou suficientemente justificada a razão de convencimento da ilustre Turma Julgadora, que avaliou a prova produzida nos autos originários e lhe conferiu o devido valor. Se a solução encontrada não foi a melhor, isto pouco importa no âmbito da rescisória, pois, ainda que a C. Turma deste Tribunal tivesse apreciado a prova de forma equivocada, não haveria que se falar em erro de fato.

Da mesma forma, não houve qualquer violação a dispositivo legal a autorizar o pedido de corte rescisório, pois, somente se justifica o cabimento da rescisória com fundamento no inciso V, do art. 485 do Diploma Processual Civil, quando o acórdão tenha afirmações contrárias ao texto expresso da lei. Nela julga-se a sua ilegalidade e não a sua injustiça. Erro ou deficiência do julgado são sanáveis pelas vias recursais, não se destinando a via excepcional da rescisória para reapreciação do mérito como pretendido. *In casu*, o V. acórdão rescindendo, em relação à matéria que a autora pretende ver rescindida, apenas reconheceu, com base na prova documental e oral produzida nos autos originários, que o reclamante, ora réu, não exercia cargo de confiança já que a ele não eram atribuídas prerrogativas de mando e de representação do empregador, com autêntica extensão do poder hierárquico, inexistindo violação ao art. 62, II, da Consolidação das Leis do Trabalho. Também, não há como ser acolhido o pedido alternativo formulado pela autora, de limitar as horas extras aos cartões de ponto constantes dos autos, porque restaram reconhecidos pelo r. julgado rescindendo os horários declinados na inicial, porém, com intervalos de uma hora para refeição, com base na prova documental e testemunhal existente nos autos da reclamatória trabalhista de origem, sendo certo que a jornada cumprida pelo ora réu aos sábados e domingos emerge do desconhecimento desses fatos pelo preposto, além de sua confirmação pela testemunha da ora autora. Finalmente, embora mencionados como notícia, os alegados "vícios da publicação do acórdão" não constituem decisão de mérito e, portanto, insuscetíveis de impugnação mediante ação rescisória. Ação Rescisória julgada improcedente. TRT/SP – 10380200400002001 – AR – Ac. SDI 2006000061 – Rel. VANIA PARANHOS – DOE 17/03/2006.

2.2 MANDADO DE SEGURANÇA

Conceito

O mandado de segurança é remédio constitucional, previsto na Constituição Federal para resguardar direito líquido e certo não amparado por *habeas corpus*. Com efeito, o art. 5º da Constituição Federal assim dispõe: "Art. 5º, LXIX – conceder-se-á *mandado de segurança* para proteger direito líquido e certo não amparado por *habeas-corpus* ou *habeas-data*, quando o responsável pela ilegalidade ou abuso de poder for autoridade pública ou agente de pessoa jurídica no exercício de atribuições do poder público. Art. 5º, LXX da Constituição Federal. O *mandado de segurança coletivo* pode ser impetrado por: a) partido político com representação no Congresso Nacional; b) organização sindical, entidade de classe ou associação legalmente constituída há pelo menos um ano e defesa dos interesses de seus membros ou associados".

O processamento do mandado de segurança está regulado na Lei 1.533/51.

Conceito de Direito Líquido e Certo

É o que se baseia na existência de fatos indiscutíveis possíveis de serem provados documentalmente, de plano.

Prazo Decadencial

O Mandado de Segurança deve ser interposto no prazo de 120 dias, contados da ciência do ato tido como ato coator, sob pena de decadência.

Ato judicial sujeito a recurso previsto em lei

Nos termos da Súmula 267 do STF[1], não cabe mandado de segurança contra decisão judicial da qual cabe recurso previsto em lei.

Mandado de Segurança Preventivo

O Mandado de Segurança pode ser utilizado contra ato coator já consumado ou preventivamente, quando houver justo receio de ameaça de lesão de direito, marcada por fatos objetivos.

Petição Inicial do Mandado de Segurança

A petição inicial do Mandado de Segurança deve ser escrita e apresentada em duas vias, acompanhadas de todos os documentos essenciais à propositura da demanda. Deverá seguir o rito do art. 282 do CPC.

Trâmites do Mandado de Segurança

O julgamento do Mandado de Segurança impetrado contra ato de Juiz do Trabalho da 1ª instância é de competência do Tribunal Regional do Trabalho, agora se tratar de ato praticado pelo Auditor do trabalho ou

---

[1] "Não cabe mandado de segurança contra ato judicial passível de recurso ou correição."

Para Facilitar o Direito

membro do Ministério Público do Trabalho a competência será da Vara do Trabalho. Apresentado o mandado de segurança a autoridade coatora será notificada para apresentar informações no prazo de 10 dias, se não for pessoa da administração pública caberá manifestação em mandado de segurança.

2.3 HABEAS-CORPUS

Conceito e Preliminares

O inciso LXVIII do art. 5° da Constituição Federal estabelece que conceder-se-á *Habeas-corpus* sempre que alguém sofrer ou se achar ameaçado de sofrer violência ou coação em sua liberdade de locomoção, por ilegalidade ou abuso de poder. Trata-se de Ação que tem por finalidade assegurar a liberdade de ir e vir do indivíduo, liberdade de locomoção.

O art. 114 da Constituição Federal, com a nova redação que lhe foi dada pela Emenda Constitucional n. 45, estabeleceu no inciso IV, expressamente, ser da competência material da Justiça do Trabalho o julgamento de *Habeas-corpus*, quando o ato impugnado envolver matéria sujeita à sua jurisdição, acabando com as discussões existentes a respeito desta competência.

Considerando-se que a Justiça do Trabalho não possui competência criminal, o *Habeas-corpus*, de regra, será impetrado em face de ordem de prisão de depositário infiel, falso testemunho ou desacato a autoridade.

Competência

A competência para julgar o *habeas-corpus* é do Tribunal imediatamente superior ao Juízo que determinou ou está na eminência de determinar a prisão. Se o ato é praticado pelo Juiz da Vara a competência é do Tribunal Regional do Trabalho, se foi Juiz do Tribunal Regional do Trabalho a competência é do Tribunal Superior do Trabalho.

Processamento

O impetrante não precisa de advogado, a petição pode ser apresentada por qualquer pessoa, em seu favor ou de outrem, ou também pelo representante do Ministério Público. Uma vez recebida a petição, o

Direito Material e Processual do Trabalho

relator poderá conceder liminarmente a ordem, determinando a notificação da autoridade coatora para apresentação das informações se entender necessário. Após o recebimento das informações a ação será julgada logo na primeira sessão. Na prática o *habeas-corpus* só será cabível na hipótese de depositário infiel, na Justiça do Trabalho.

2.4 INQUÉRITO JUDICIAL PARA APURAÇÃO DE FALTA GRAVE

Conceito e Preliminares

É ação que tem como finalidade rescindir o contrato de trabalho do empregado estável, uma vez que não pode ser despedido diretamente, por cometimento de falta grave. O art. 494 da Consolidação das Leis do Trabalho estabelece que o empregado acusado de falta grave poderá ser suspenso de suas funções, mas a sua despedida só se tornará efetiva após o inquérito em que se verifique a procedência da acusação.

A ação de inquérito para apuração de falta grave só se aplica ao empregado portador de estabilidade definitiva, não é necessário nos casos de estabilidade provisórias, como por exemplo, estabilidade da empregada gestante, dirigente da CIPA, acidentado, empregado eleito para representar os trabalhadores perante CCP.

No entanto, o Tribunal Superior do Trabalho entende ser imprescindível a instauração do inquérito para a apuração de falta grave cometida pelo empregado eleito para ocupar cargo de dirigente sindical.

Entende-se como falta grave o nome que a lei confere à justa causa cometida pelo empregado estável, aplicando-se na íntegra o mesmo regramento legal aplicável à justa causa, tal como legalidade, imediatidade, gravidade, singularidade, etc.

Processamento

A ação de inquérito para apuração de falta grave deve ser proposta através de petição inicial escrita pelo empregador em face do empregado (art. 853 da CLT). O empregador é chamado requerente e o empregado requerido. Após a distribuição o requerido é notificado para apresentar defesa em audiência, aplicando-se também o mesmo processamento das ações trabalhistas, como por exemplo a necessidade de comparecimento pessoal das partes, tentativa de conciliação, audiência una e instrução.

Podem ser ouvidas até 6 (seis) testemunhas de cada parte. Terminada a instrução será aberto prazo de 10 minutos para razões finais, e após ter sido renovada a proposta conciliatória, caso não aceita, será proferida decisão.

Reconhecida a falta grave, espera-se a dispensa do empregado por justa causa. Quando não restar configurada a falta grave, fica o empregador obrigado a reintegrar o empregado no serviço, e pagar-lhe todos os salários do período do afastamento. Caso o juiz entenda que a reintegração não é aconselhável poderá converter a obrigação de reintegrar em indenização.

As custas deverão ser pagas antes do julgamento, sob pena de arquivamento.

Prazo Decadencial para ajuizamento da ação

Suspenso o empregado, o empregador tem o prazo decadencial de 30 (trinta) dias, a contar da suspensão para o ajuizamento da ação. Não proposto o inquérito neste prazo, o empregado poderá requerer a reintegração no emprego.

2.5 INQUÉRITO JUDICIAL PARA APURAÇÃO DE FALTA GRAVE

Conceito

Segundo o Doutrinador Sérgio Pinto Martins em *Direito Processual do Trabalho*, Ed. Atlas, 4ª ed., 1996, p. 445, conceitua-se

"dissídio coletivo como o processo que vai dirimir os conflitos coletivos do trabalho, por meio de pronunciamento do Poder Judiciário, criando novas condições de trabalho para certa categoria ou interpretando determinada norma jurídica".

Trata-se de uma ação instaurada com a finalidade de solucionar um conflito coletivo de trabalho pela via judicial, uma vez que as partes não conseguiram fazê-lo através da negociação coletiva, e não se interessaram pelas formas de solução extrajudicial, tal como a arbitragem.

No dissídio coletivo os interesses em conflito são interesses abstratos das categorias profissionais e econômicas e não interessam indivíduos dos particulares.

É o Dissídio Coletivo uma ação de competência originária dos Tribunais Regionais do Trabalho. Caso a base territorial sindical seja superior à da jurisdição do Tribunal Regional do Trabalho, a competência passa a ser do Tribunal Superior do Trabalho (art. 702, *b*, da CLT).

No caso de conflito entre o TRT de São Paulo, 2ª Região, e o TRT de Campinas, 15ª região, será competente para julgar o dissídio o TRT de São Paulo.

Poder conferido aos Tribunais da Justiça do Trabalho de proferir sentença com força de lei, chamada sentença normativa.

O § 2º do art. 114 da Constituição de 1988 dispõe:

"Recusando-se qualquer das partes à negociação ou à arbitragem, é facultado aos respectivos sindicatos ajuizar dissídio coletivo, podendo a Justiça do Trabalho estabelecer normas e condições, respeitadas as disposições convencionais e legais mínimas de proteção ao trabalho".

Negociação Coletiva: Condição da Ação de Dissídio Coletivo

O dissídio coletivo somente poderá ser intentado depois de esgotadas todas as tentativas de solução negociada entre as partes ou pela arbitragem. Se houver a recusa das partes, ou, se as tentativas de negociação forem frustradas, aí é que terá início o dissídio coletivo (§ 2º do art. 114 da Constituição). Na data do ajuizamento da ação, as partes deverão comprovar que houve a tentativa de negociação coletiva e que esta não resultou satisfatória, e por essa razão os sindicatos de comum acordo (EC 45/2004) resolveram instaurar o dissídio coletivo.

Prazo para a Instauração

Existindo convenção, acordo ou sentença normativa em vigor, o dissídio coletivo deverá ser instaurado dentro dos 60 dias anteriores ao respectivo termo final, para que o novo pacto coletivo tenha vigência no dia imediato a este termo (§ 3º do art. 616 da CLT).

Não sendo possível o encerramento da negociação coletiva antes do termo final a que se refere o § 3º do art. 616 da CLT, a entidade interessada poderá formular protesto judicial em petição escrita dirigida ao Presidente do Tribunal do Trabalho, com o objetivo de preservar a database da categoria (item II do IN nº. 04/93 do TST). Observado o prazo do § 3º do art. 616 da CLT ou se a parte se utilizar do protesto já referido, o reajustamento salarial e as diferenças dele decorrentes serão devidos a partir do termo final da vigência da convenção ou acordo coletivo, ou da sentença normativa anterior. Caso seja deferido o protesto, a representação coletiva será ajuizada no prazo máximo de 30 dias, contados da intimação, sob pena de perda da eficácia da referida medida. Dessa forma, formalizado o protesto, é possível a continuidade das negociações coletivas por mais 30 dias.

Instauração de Ofício

Na ocorrência de greve, pode o dissídio coletivo ser instaurado *ex officio* pelo Presidente do Tribunal Regional, ou a requerimento do Ministério Público do Trabalho (art. 856 da CLT c/c art. 8º da Lei nº 7.783/89).

Legitimidade Ativa

A organização sindical profissional ou econômica é parte legítima para o pedido de instauração de dissídio coletivo, mas inexistindo tal organização, poderá o dissídio coletivo ser instaurado pela federação correspondente. Não estando a categoria organizada nem em nível de federação, a representação será feita pela confederação respectiva (art. 857, parágrafo único, da CLT).

Partes

Aquele que ingressa com o dissídio coletivo, que figura no polo ativo do processo, é chamado de suscitante. Se o Presidente do Tribunal requerer de ofício a instauração do dissídio coletivo, será ele o suscitante.

Suscitado é aquele contra o qual foi ajuizado o dissídio coletivo. Tendo o Presidente do Tribunal instaurado de ofício o dissídio coletivo, as demais partes é que serão chamadas de suscitadas.

Procedimento

Não há necessidades de procuração para o sindicato representar a categoria nos dissídios coletivos. A função precípua do sindicato é a representação da categoria, conforme já estava escrito na alínea *a* do art. 513 da CLT, que foi alçada ao nível de dispositivo constitucional no inciso III do art. 8º da Lei Maior. Quando o sindicato é representado por advogado, será preciso o instrumento de mandato outorgado pelo sindicato.

No dissídio coletivo, não há, portanto, substituição processual, mas legitimação ordinária do sindicato. Há na verdade representação, pois é inerente ao sindicato representar a categoria em juízo nos dissídios coletivos (art. 513, *a*, da CLT).

Contestação

A CLT não prevê contestação no dissídio coletivo. Isso não quer dizer, porém, que ela não deva ser feita, ao contrário, mesmo não havendo previsão legal, é imprescindível para se analisar a pretensão resistida. Alguns Regimentos Internos dos Tribunais fazem menção à contestação, que seguirá, assim, aquilo que neles estiver disposto.

A defesa no dissídio coletivo também pode ser direta ou indireta. Na prática, são apresentadas uma série de preliminares, mormente de competência ou legitimidade da parte suscitante, antes de propriamente se chegar ao mérito do tema.

Revelia

Na ação de dissídio coletivo não há revelia. Deixando de comparecer a parte, o processo será submetido a julgamento, podendo o juiz determinar as provas ou fazer as diligências que entenderem cabíveis.

Sentença

Nos tribunais superiores, a sentença é denominada de acórdão (art. 163 do CPC). No dissídio coletivo, porém, a decisão é denominada de <u>sentença normativa</u>, que terá eficácia de até quatro anos.

Na fundamentação, vão ser analisados os fatos jurídicos postos em debate, a legalidade e constitucionalidade dos pedidos e argumentações. As várias colocações das partes serão clausuladas, de acordo com a orientação do juiz relator do processo, com a votação dos demais juízes.

Início da Vigência

A sentença normativa passa a ter vigência a partir:

a) Da data da publicação do acórdão, desde que o dissídio tenha sido ajuizado sem a observância do prazo de 60 dias anteriores ao término da sentença, acordo ou convenção ou sentença normativa em vigor, da data do ajuizamento (art. 867, parágrafo único, *a*, da CLT);

b) Do dia imediato ao termo final de vigência do acordo, convenção coletiva ou sentença normativa, quando for observado o prazo de 60 dias de que fala o § 3º do art. 616 da CLT (art. 897, parágrafo único, *b*, da CLT).

Prazo da Vigência

O prazo de vigência não poderá ser superior a 4 anos (parágrafo único do art. 868 da CLT), embora o pacto vigore normalmente por um ano.

Extensão da Sentença Normativa

Pode ser estendida a sentença normativa de duas maneiras:

a) Em relação a todos os empregados da mesma profissão dos dissidentes da empresa (art. 868 da CLT).

b) A toda a categoria profissional (art. 869 da CLT).

2.6 AÇÃO DE CUMPRIMENTO

Conceito e Preliminares

O art. 872 dispõe que celebrado o acordo ou transitado em julgado a decisão, seguir-se-á o seu cumprimento. Dispõe ainda o parágrafo único do mencionado artigo que: "Quando os empregadores deixarem de satisfazer o pagamento dos salários, na conformidade da decisão proferida, poderão os empregados ou seus sindicatos, independentes de outorga de poderes de seus associados, juntando certidão de tal decisão, apresentar reclamação à Vara do Trabalho ou Juízo competente, sendo vedado, porém, questionar sobre a matéria de fato e de direito já apreciadas na decisão".

É dispensável o trânsito em julgado da sentença normativa para propositura da ação de cumprimento (TST — Enunciado 246). Ainda nesse sentido:

Norma coletiva. Categoria Diferenciada. Abrangência. Empregado integrante de categoria profissional diferenciada não tem o direito de haver de seu empregador vantagens previstas em instrumento coletivo no qual a empresa não foi representada por órgão de classe de sua categoria (Orientação Jurisprudencial SDI, TST 55).

Natureza Jurídica
A ação de cumprimento tem natureza jurídica de reclamação trabalhista, desta forma aplica-se todas as disposições legais e processuais relativas à ação trabalhista.

Competência
A competência para processar e julgar a ação de cumprimento é da Vara do Trabalho.

Legitimidade
O empregado ou o sindicato da categoria profissional na condição de substituto processual.

Processamento
Recebida a reclamação que necessariamente deverá estar acompanhada da sentença normativa, será designada data para audiência, determinando-se o comparecimento pessoal das partes, alertando a reclamada que poderá apresentar defesa, sendo-lhe, no entanto, vedada rediscutir a decisão normativa. Frustradas as propostas conciliatórias será proferida a sentença, que terá força de título executivo judicial.

2.7 AÇÃO CIVIL PÚBLICA TRABALHISTA

Conceito e Legitimidade
A defesa dos interesses transindividuais trabalhistas em juízo, no processo do trabalho, é feita através da Ação Civil Pública, que pode ser instaurada tanto pelo Ministério Público do Trabalho, como pelos sindicatos.

Ministério Público do Trabalho

A Constituição da República de 1988 no art. 127 estabelece que o Ministério Público é uma instituição permanente, essencial à função jurisdicional do Estado, incumbindo-lhe a defesa da ordem jurídica do regime democrático e dos interesses sociais e individuais indisponíveis. O art. 129 deixa certo também ser função institucional do Ministério Público promover o inquérito civil e a ação civil pública para a proteção do patrimônio público e social, do meio ambiente e de outros interesses difusos e coletivos.

Conceito e Exemplo de Interesse Difuso

No campo das relações de trabalho teríamos como exemplo de interesses difusos o caso de uma empresa pública que contratasse diretamente empregados celetistas sem a realização de concurso público. O interesse difuso existe em relação aos possíveis candidatos a um cargo público, já que todas as pessoas que preenchessem os requisitos exigidos poderiam ser candidatas em potencial. Tem-se neste exemplo a impossibilidade de especificar o conjunto de pessoas postulantes ao emprego público.

Conceito e Exemplo de Interesse Coletivo

Em Direito do Trabalho poderíamos citar como exemplo de interesse coletivo, o descumprimento das normas relativas ao meio ambiente de trabalho, que afeta potencialmente a todos os empregados de uma determinada empresa.

Conceito e Exemplo de Interesses Individuais Homogêneos

Conforme se verifica do conceito legal, os interesses individuais homogêneos se caracterizam por serem um feixe de direitos subjetivos individuais, marcado pela nota da divisibilidade, de que é titular uma comunidade de pessoas indeterminadas, mas determináveis. Exemplo: Demissão coletiva num dado momento, atingindo imediatamente a um grupo concreto e identificável de empregados.

Legitimidade Ativa

Segundo disposto no art. 5º da Lei 7.347/85, estão legitimados para a ação civil pública, o Ministério Público, a União, os Estados, os

Direito Material e Processual do Trabalho

Municípios, as autarquias, as empresas públicas, as fundações, as sociedades de economia mista e as associações que estejam constituídas há pelo menos um ano, nos termos da lei civil, e que inclua entre as suas finalidades institucionais a proteção ao meio ambiente, ao consumidor, à ordem econômica, à livre concorrência, ou ao patrimônio artístico estético, histórico, turístico e paisagístico. A Lei 8.069/90, no art. 210, II, incluiu o Distrito Federal e os Territórios.

Competência

Há três espécies de competência:

a) *Competência e Meio Ambiente*: Meio ambiente do trabalho é direito social trabalhista constitucionalmente assegurado, o que não deixa dúvida a competência da Justiça do Trabalho. A questão já foi examinada pelo STF cuja decisão concluiu que tendo a ação civil pública como causa de pedir disposições trabalhistas e pedidos voltados à preservação do meio ambiente do trabalho e, portanto, aos interesses dos empregados, a competência para julgá-lo é da Justiça do Trabalho. RE n. 206.220-1 2ªT. Rel. Ministro Marco Aurélio, julgado em 16.03.99.

b) *Competência em razão de lugar:* A competência em razão de lugar vem estabelecida no art. 2º da Lei n. 7.347/85, que especifica que a competência será determinada pelo local onde ocorrer o dano.

c) *Competência hierárquica:* A ação civil pública trabalhista deverá ser instaurada perante a Vara do Trabalho. A competência hierárquica é do juízo de primeiro grau.

Provimentos Jurisdicionais na Ação Civil Pública

Através da ação civil pública no âmbito da Justiça do Trabalho, pode ser pleiteado duas modalidades de provimentos jurisdicionais a saber:

a) Imposição de uma obrigação de fazer ou de não fazer, com a cominação de multa para o caso de descumprimento.

b) Condenação ao pagamento de uma indenização reversível ao Fundo de Amparo ao Trabalhador.

Se ação civil pública foi proposta pelo sindicato, o Ministério Público do Trabalho atuará necessariamente como fiscal da Lei (art. 5º § 1º da Lei 7.345; 85); sendo intimado pessoalmente das decisões proferidas, (art. 18, II, *h*, da Lei Complementar 75/93).

Capítulo 26
NOVAS TEORIAS DO DIREITO DO TRABALHO

1. TEORIA DO CONGRAÇAR

É tentar a conciliação antes de ajuizar uma ação. Essa teoria tem o objetivo de acelerar a solução dos conflitos e evitar uma demanda judicial.

Exemplo: art. 114, § 1º e § 2º da Constituição Federal.

2. TEORIA DA PROVISÃO

Usada na execução provisória proposta a ação e penhorados os bens na execução provisória cabe Embargos de terceiro, mandado de segurança ou Exceção de pré-executividade.

3. TEORIA DO DIVIDENDO

São diversas ações com partes iguais, porém com pedidos distintos.

4. TEORIA DA AQUIESCÊNCIA

Havendo conflito de competência, se for matéria de direito o juízo se torna competente.

5. TEORIA DA INCOAÇÃO

Ajuizada a reclamação trabalhista, o juiz poderá extinguir o processo com resolução de mérito se tiver elementos para isso.

Exemplo: prescrição bienal

6. DÁDIVA DA COMPENSAÇÃO

No caso de Tutela Específica por ser provisória e consequentemente podendo ser reformada na sentença a parte deverá devolver os valores ou ainda pagar pelo serviço prestado.

7. TEORIA DO PRECLARO

Na contestação já devem estar descritas as perguntas e respostas que serão feitas as partes e testemunhas.

8. TEORIA DO SUXO

Poderá ser pleiteado o efeito suspensivo nas razões do recurso. Exemplo: Recurso ordinário de dissídio coletivo.

9. TEORIA DO EPISÓDIO

É utilizada na exceção de pré-executividade em que esta poderá ser usada em qualquer fase do processo de execução, desde que tenha uma nulidade.

10. TEORIA DA AFLORAÇÃO

É utilizada em medidas de urgência liminares.

Lançamento da Ícone Editora em Abril de 2009:

CLT COMENTADA
Do Prof. Gleibe Pretti
Formato 16x23

DEONTOLOGIA JURÍDICA
De Sebastião José Roque
Formato 16x23

DIREITO DO TRABALHO
Do Prof. Gleibe Pretti e Valeska Sóstenes
Formato 14x21

IMPRESSO NA
sumago gráfica editorial ltda
rua itauna, 789 vila maria
02111-031 são paulo sp
telefax 11 2955 5636
sumago@terra.com.br